예수는 신화가 아니다!

박명룡 목사 지음

목 차

PROLOGUE

01 예수는 신화가 아니다 / 23

02 「예수는 신화다」 잘못된 이유들 / 39

03 「예수는 신화다」는 인위적 조작이다! / 85

04 예수가 역사 속의 실제 인물인 이유들 / 123

05 결론 : 예수의 사건은 실제역사이다! / 177

EPILOGUE

예수는 신화가 아니다!

- 초판 1쇄 발행 2008년 12월 20일

- 지은이 박명룡
- 펴낸이 정종현
- 펴낸곳 도서출판 누가
- 표지디자인 안흥섭_아트엘
- 편집 김민지
- 제작 이영목

- 등록번호 제20-342호
- 등록일자 2000. 8. 30
- 서울시 동작구 상도2동 186-7
- 전화(02)826-8802 팩스(02)825-0079

- 정가 10,000원
- ISBN 978-89-92735-24-7

- 파본은 교환해 드립니다.
- 이 출판물은 저작권법에 의해 보호를 받는 저작물이므로 무단 복제할 수 없습니다.
- 독자의 의견을 기다립니다
- Lukevision@hanmail.net

Prologue

프/롤/로/그

진리를 아는가?

성경에 보면, 예수께 '진리가 무엇이냐?'고 질문한 사람이 있다. 그가 누구인가? 그는 로마 총독 빌라도이다. 그 앞에서 심문을 받던 예수는 "나는 진리를 증언하려고 태어났으며, 진리를 증언하려고 세상에 왔다. 진리에 속한 사람은 누구나 내가 하는 말을 듣는다"(요18:37)고 하였다. 그 때 이 예수의 말씀을 들은 빌라도가 던진 질문이 바로 이것이다. "진리가 무엇이냐?"(요18:38)

그런데 이상하게도 예수는 빌라도의 그 질문에 대하

여 아무런 대답도 하지 않는 다. 사실 복음서들을 읽어보면 어떤 사람이든지 예수께 질문하여 예수의 대답을 듣지 못한 경우는 거의 없다. 평소 예수는 가르치기를 즐겨하였다. 그런데 빌라도의 이 질문은 예수가 외면한다. 그 이유는 무엇인가?

요한복음은 '진리'를 매우 강조하고 있다. 예수는 진리가 충만하며(요1:14), 진리는 예수로 말미암아 오고(요1:17), 예수 자신이 진리이며(요14:6), 예수는 진리를 말하며(요8:45), 그리고 진리에 대하여 증거하는 자(요18:37)라는 것을 강조한다. 예수께서 진리에 관련하여 말한 세 구절을 소개하면 다음과 같다.

『진리를 알지니 진리가 너희를 자유케 하리라』
(요 8:32)
『내가 진리를 말하므로 너희가 나를 믿지 아니하는도다』(요 8:45)
『예수께서 가라사대 내가 곧 길이요 진리요 생명이니

나로 말미암지 않고는 아버지께로 올 자가 없느니라」
(요 14:6)

이와 같이 요한복음에서 예수는 자신이 진리요, 이 진리에 대하여 증언하기 위하여 왔음을 명백하게 밝힌다. 그런데 왜 빌라도의 질문에 대해서는 예수께서 대답하지 않았는가? 사실 여기에 대한 정답은 필자도 명확하게 알지 못한다. 성경 본문이 직접적으로 그 이유를 밝히고 있지 않기 때문이다.

그러나 필자의 생각으로는, 두 가지 이유에서 예수께서 빌라도의 질문에 대답하지 않았다고 추정해 본다. 첫째, 예수의 대답은 이미 명백하게 주어졌다는 것이다. 다시 말해서 예수께서는 이미 그의 공생애 사역을 통하여 '예수 자신이 진리'며 '예수의 말씀'이 진리임을 명확하게 밝혔다. 그렇기 때문에 예수께서는 더 이상 빌라도에게 설명할 필요가 없었을 것이다. 예수의 제자였던 요한은 그의 복음서에서 '진리'라는 단어를 17번씩이나 언급하고 있다. 그러나 다른 공관복음서들에서는 '진리'라는 단어가 거의 등장하지 않는다. 요한은 예수가 진리라는 사실을 이미 공개적으로 밝혔고, 그 사실이 너무나 자명하기 때문에 굳이 빌라도에게 말할 필요가 없었음 강조하고 있지 않는가라고 추정해 본다.

둘째로, 예수께서 왜 '진리가 무엇이냐?'는 빌라도의 질문에 대답하지 않았겠는가? 필자는 그 이유를, 빌라도가 진리를 알고자 하는 진지함이 결여되었기 때문이라고 생각한다. 만약 빌라도가 진리를 알고자 하는 진지한 갈망에서 그 질문을 하였다면 예수께서는 분명히 대답하였을 것이다. 왜냐하면, 예수는 진리를 진심으로 알고자 하는 사람에게 결코 거절하지 않으시는 분이기 때문이다. 빌라도에게는 애초부터 진리를 알고자 하는 마음이 없었다. 진리에 대한 진지한 갈망이 없는 한 그는 예수로부터 그 어떠한 대답도 들을 수 없었을 것이다. 진리를 알고자 하는 마음의 결여가 영생의 복을 놓친 것이다.

그런데 오늘날에도 빌라도의 이 어리석음을 반복하

는 사람들이 있다. 그들은 빌라도보다 한 발 더 나아가서 자명하게 드러난 진리를 회피할 뿐만 아니라, 의도적으로 진리를 왜곡 시키고 있다. 그들에게는 참된 진리를 알고자 하는 진지함이 결여된 것으로 보인다. 그래서 그들은 참된 진리인 예수를 허구의 신화로 둔갑시키고 있다.

그들이 바로 『예수는 신화다』를 쓴 티모시 프리크와 피터 갠디이다. 이들이 쓴 『예수는 신화다』라는 책은 특히 한국에서 큰 호응을 얻었다. 그 책의 내용은 예수는 역사적 인물이 아니며, 예수 이야기는 고대 신비종교들의 신화에서 각색된 허구의 신화라는 것이다. 그들은 예수가 역사적 실제 인물이 아니라, 허구의 신화적 인물이라는 사실을 뒷받침하기 위하여 여러 가지 고대 신화들의 특징들을 소개한다. 그 책에서 비교하는 고대 신비종교들의 신화와 예수 이야기는 너무나 흡사하게 보인다. 그래서 그들의 주장처럼 예수는 역사가 아니라 신화라고 착각하게 만든다.

그 책이 2002년에 한국어로 번역된 이후 젊은 층 사이에 널리 알려졌고, 심지어 그 책의 전체 내용이 인터넷에 그대로 올려져 있다. 안티기독교를 주장하는 사람들에게는 기독교를 반대해야 될 또 하나의 이유를 제공하게 된 셈이다. 그 책은 안티기독교를 주장하는 사람들에게 기독교가 도덕적으로도 문제가 있을 뿐만 아니라, 지성적으로도 전혀 믿을만하지 못하다는 왜곡된 시각을 갖게 해주는 동기를 제공하였다.

그런데 불행하게도, 한국 기독교는 이러한 현상에 대하여 진지하게 생각하지 않았던 것 같다. 그냥 그 문제를 덮어 둔다면 저절로 해결되리라고 생각한 사람들도 제법 많이 있었을 것이다. 그러나 현실을 그렇지 못했다. 2002년에 번역된 『예수는 신화다』라는 그 책은 2008년에 SBS 대기획 '신의 길, 인간의 길' 제1부 '예수는 신의 아들인가?' 이라는 텔레비전 다큐멘터리 프로그램으로 다시 등장하였다. 그 다큐멘터리는 한국 전역에 방송되었다. 미국에 사는 많은 한인들도 인터넷을 통하여 그 프로그램을 보았다. 그 방송을 보고 있자니 예수를 정말로 신화의 인물로 착각할 정도였다. 그 다큐멘터리는 '한국의 기독교가 예수의 참 모습을 잘 모르고 있기에 이 프로그램을 통하여 예수의 진정한 모습을 제대로 알기를 바란다'는 메시지를 내보내고 있는 것 같았다.

그러나 그 방송 내용이 매우 학문적 근거 없는 자료들을 바탕으로 만들어졌다면 어떻게 이해해야 하는가? SBS의 제1부 '예수는 신의 아들인가?'는 프리크와 갠디가 쓴 『예수는 신화다』라는 책을 바탕으로 하여 제작된 다큐멘터리이다. 그런데 『예수는 신화다』라는 이 책은 역사적 예수를 연구하는 학자들에게는 학문적 가치를 전혀 인정받지 못하는 책이다. 역사적 예수를 연구하는 학자들의 입장에서 이 책은 『다빈치 코드』와 같은 소설류와 별다를 바 없는 것으로 취급할 정도의 책이다. 권위있게 역사적 예수를 연구하는 학자들 중에서 단 한 명이라도 프리크와 갠디의 책, 『예수는 신화다』를 학술적 근거로 인용하는 사람이 있는지 살펴보라. 심지어 존 도미닉 크로산(John Dominic Crossan)과 같이 예수의 신성을 인정하지 않는 급진적 자유주의 학자들조차도 그 책의 학문적 가치를 인정하지 않는다. 그 만큼 그 책은 학문적 근거가 결여되어 있다는 것이다.

따라서 필자는 이 책을 통하여 프리크와 갠디가 쓴 『예수는 신화다』의 논지를 분석하고 그들의 잘못된 주장에 대하여 비판하고자 한다. 제 1장에서는 저자들의 주요 논지들을 살펴보도록 하겠다. 제 2장에서는 그 저자들의 잘못된 주장들을 밝혀 낼 것이다. 특히 예수의 복음이 허구의 신화가 아니라는 것과 프리크와 갠디의 주장이 조작된 허구에 불과하다는 점에 대하여 설명하도록 하겠다. 제 3장에서는 프리크와 갠디의 근거 없는 주요 주장들에 대하여 구체적으로 다시 한 번 점검하도록 하겠다. 마지막 제 4장에서는 예수가 역사 속에서 실제 인물이었다는 사실에 대한 근거들을 밝히도록 하겠다. 독자들은 이 책에서 제시하는 증거들을 통하여 예수가 실제 역사적 인물임을 명확히 알게 될 것이다.

간혹 어떤 사람은 다음과 같은 반론을 제기하기도 한다. "비록 한국 사회에서 안티기독교의 지적인 공격이 있고, 『다빈치 코드』와 같은 소설이 유행하고 『예수는 신화다』와 같은 책과 TV 프로그램이 방송된다고 하더라도 기독교 신앙에 별로 해악이 되지 않는다고 생각한다. 그것들 때문에 한국 기독교가 무너지지 않는다. 너무 과민반응하지 말라."

물론 이와 같은 현상에 대해서 감정적 대응은 삼가야 한다. 그러나 이러한 현상은 기독교 신앙에 대한 지적인 비판이다. 지적인 비판에는 지성적인 설명이 필요하다는 것이 필자의 생각이다. 한국 교회가 지난 2000년도 초기부터라도 역사적 예수와 관련된 일련의 왜곡된 지적인 도전에 대한 심각성을 깨닫고, 적절한 지적인 대응방안을 모색하였더라면, 오늘날 이처럼 잘못된 사상이 진리를 왜곡시키는 일은 훨씬 더 줄어들었을 것이다.

만약 우리들이 진리를 가르치고 변호하는 기독교 변증작업을 게을리 한다면, 한국 사회의 영적인 오염과 적조 현상은 더욱 더 심화되리라고 예상한다. 따라서 우리는 일찍이 그레샴 메이첸(J. Gresham Machen)이 강조한 다음의 조언들을 귀담아 들을 필요가 있다.

> 잘못된 사상은 복음을 받아들이는 데 가장 큰 장애가 된다. 만일 우리가 저항할 수 없는 논리로 기독교란 단지 다른 이들에게 해를 끼치지 않는 환상에 불과하다고 믿게 만드는 주장들이 한 국가나 세계의 집단의식을 통제하도록 내버려둔다면, 우리가 아무리 종교개혁가들의 열정을 가지고 복음을 전한다 하더라도, 우리는 결국 여기저기에서 소수의 패잔병 같은 몇 사람만을 구원에 이르게 할 수 있을 것이다.[1]

우리는 메이첸의 통찰력을 직시할 필요가 있다. 우리는

진리가 거짓 사상에 의해 왜곡 되는 것을 막고 영적인 적조 현상들을 정화시켜나가는 노력으로 최선을 다할 때, 우리는 하나님의 나라를 올바르게 전파할 수 있을 것이다.

물론, 지금 한국교회가 직면하는 위기는 한국교회가 성도들에게 지성적 교육을 제공해 주지 못한 것에 그 근본 원인이 있는 것은 아니다. 사실 지금의 위기들은 우리 그리스도인들이 예수의 복음을 올바르게 알고, 올바르게 행하지 못했기 때문에 맞는 위기이다. 한 마디로 우리가 잘못 살았다고 고백해야 한다. 그래서 다시 한 번 우리가 하나님의 백성답게 거룩한 삶을 살지 못한 것을 회개하고 주님 앞에서 우리의 삶을 새롭게 헌신해 나가는 노력들이 계속적으로 있어야만 하겠다. 자체 정화 능력을 상실하게 되면 그것은 곧 부패와 죽음으로 다가온다. 그래서 우리는 교회 스스로가 자체 정화 능력을 회복하고, 주님 앞에서 성결한 삶, 구별된 삶을 살기 위해서 날마다 자신을 살피고 회개의 삶을 살아야 할 것이다. 거룩함이 회복되어야 한국 교회가 살 수 있다.

우리가 이 처럼 한편으로는 하나님 앞에서 거룩한 삶을 회복하기 위해서 최선을 다해야 할 것이다. 그러나 다른 한편으로는 진리를 왜곡시키는 지적인 도전들 앞에서 진리를 올바르게 선포하고 가르치는 기독교 신앙 변증의 노력들이 계속되어야만 한다고 믿는다. 기독교를 지성적으로 이해하는 노력들이 있을 때 우리는 이 땅에 온전한 하나님의 나라를 계속적으로 선포할 수 있을 것이다. 기독교 철학자 제이. 피. 모어랜드(J. P. Moreland)에 의하면, 기독교 2천년의 역사상 단 한 번도 기독교가 지성을 포기한 적은 없었다고 말하였다. 기독교는 상당히 지성적인 신앙체계이다. 따라서 지금 한국교회에 가장 시급하게 필요한 것은 거룩한 삶의 회복과 지성적 훈련이라고 생각한다.

기독교 신앙은 이 세상의 어느 종교적 신념과 비교해 보더라도 가장 이성적이고 합리적이다. 기독교 신앙은 그냥 믿어도 진리이다. 그러나 기독교 신앙은 이성적으로 따지고 믿어도 진리임을 알 수 있다. 기독교 신앙은 가장 확실하게 믿을 만 한 좋은 이유들을 가지고 있다. 우리는 성도들에게 우리가 무엇을 믿고 있는가를 가르쳐야 한다. 또한 기독교 신앙이 왜 진리인가에 대한 좋은 이유들을 가르쳐 주어야 한다. 그래서 각 성도들이 기독교 신앙에 대한 견고한 지성적 확신을 갖게 된다면, 그들은 기독교 신앙으로 삶을 살아가는 데 온전히 헌신하게 될 것이다. 왜냐하면 진리에 대한 확신은 헌신으로 이끌기 때문이다.

바라기는 한국교회가 빌라도의 어리석음처럼, 명백하게 밝혀진 진리를 외면하거나, 진리에 대한 갈망이 결여되어 맹목적인 신앙으로 전락되지 않기를 바란다. 거룩함에 대한 회복과 진리를 확신하는 지성적 훈련을 통하여 다시 한 번 이 땅에 하나님께서 통치하시는 하나님의 나라가 확장되기를 간절히 바란다. 여기에 이 책이 미약하나마 쓰임받기를 소원한다.

마지막으로 이 책을 위해서 기도해주시고 수고해 주신 분들께 감사를 표하고 싶다. 한국 사회에 기독교 변증의 필요성을 절감하고 부족한 필자의 글을 기꺼이 출판할 수 있도록 적극적으로 배려해 주신 도서출판 누가의 대표, 정종현 목사님께 감사드린다. 이 책의 원고를 꼼꼼하게 읽고 여러 가지 귀한 조언을 해주시고 하나님께 간절하게 기도해 주신 이소연 교수님께 깊이 감사드린다. 또한 필자에게 기독교 변증 사역의 중요성을 상기 시켜주면서, 필자가 용기를 가지고 이 일에 전념할 수 있도록 격려해 주시고, 도서비를 지원해 주신 전 서울신학대학교 교수이신 장중렬 박사님께 감사한 마음을 전하고 싶다. 또한 필자가 섬기고 있는 한사랑교회의 모든 성도님들께 마음 속 깊이 사랑과 감사의 마음을 표하고 싶다. 필자의 교회 사역과 저술 사역에 있어서 사랑하는 내자의 도움이 없이는 가능한 일이 아니다. 부족한 사람을 위해 끊임없는 기도와 격려로 함께 해 준 사랑하는 아내 김경원과 두 아이들에게 감사한 마음을 전하고 싶다.

끝으로 이 모든 감사를 가능하게끔 인도하셨고, 지

금도 필자의 삶을 붙들고 계시는 진리되신 성 삼위일체 하나님께 감사와 영광을 올려드린다.

2008년 10월 15일

박명룡

1
예수는 신화가 아니다!

01
예수는 신화가 아니다!

기독교의 역사 속에 끊임없이 일어났던 이단적인 주장의 대부분은 예수의 정체성과 깊이 관련되어 있다. 특히 예수의 신성을 제거하고자 하는 시도는 오늘날까지 끊임없이 되풀이 되고 있다. 그래서 유명한 기독교 변증가인 C. S. 루이스는 예수의 정체성에 대하여 다음 세 가지 가능성을 제시하였다.[2] 첫째, 예수는 '정신병자'이거나, 둘째, '지옥의 악마'이거나, 그렇지 않다면 셋째, '하나님의 아들'이라는 세 가지 가능성을 말했다. 루이스에 의하면, 예수가 진정으로 신적인 존재가 아니면서, 자신을 신적인 존재로 여겼고, 신적인 존재로 말하고 행동하였다면, 그는 분명히 정신병자일 수 있다는 것이다. 또한 그가 정신병자가 아니라면, 두 번째 선택은 지금까지 인류 역사상 수많은 사람들을 속였기 때문에 그는 지옥의 악마로 볼 수 있다고 한다.

그런데 예수를 반대하는 사람들조차도 복음서를 읽을 때, 예수가 미치광이나 악마라는 인상을 전혀 받지 않는다. 오히려 사람들은 복음서를 통하여 예수의 참되심을 깨닫게 되며, 그분의 신적인 자의식을 알아 볼 수 있다. 복음서에 보면, 예수를 찾아온 사람들의 죄가 용서 되었다고 선언하는 예수의 모습은 유대인의 사고방식으로 볼 때, 그가 오직 하나님일 경우에만 할 수 있는 행동을 보여주고 있다.[3]

예수에 관한 기록들을 진지하게 읽어본다면, 예수의 가르침 속에 높은 도덕성과 훌륭한 성인으로 불릴 만한 대단한 인품을 발견할 수 있다. 비기독교인이며 기독교를 비판하고 예수의 신성을 부인했던 윌리암 레키(William H. Lecky)는 말하기를, "예수는 덕의 최고의 모범이실 뿐만 아니라 가장 강력하게 덕을 실천하도록 자극과 동기를 주신다"[4] 라고 하였다. 또한, 기독교에 대하여 악의 찬 비평을 가했던, 데이빗 스트라우스(David Strauss)도 그의 생애 종말에는 "예수는 도덕적으로 탓할 데가 전혀 없는 완전한 분이셨다"고 고백하였다. 이처럼 예수의 신성을 부인하는 사람들조차도 예수의 인격은 훌륭하다고 평가하고 존경한다. 예수의 온전한 인격과 놀라운 도덕적 가르침들은 그 누구도 감히 예수를 정신병자나 지옥의 악마로 몰아붙일 수 없게 만든다.

따라서 만일 우리가 예수의 인격을 믿는다면, 그 분의 주장도 신뢰해야 하지 않겠는가? 예수를 훌륭한 도덕적 스승으로 받아들인다면, 예수 자신이 하나님이라는 주장도 받아들여야만 합당하다. 그래서 루이스는 '예수를 위대한 도덕적 스승으로는 기꺼이 받아들이지만, 예수가 하나님이라는 주장만큼은 받아들일 수 없다'는 주장은 어리석기 짝이 없는 말이라고 강조한다.[5] 예수의 인격과 가르침을 근거할 때 예수의 정체성에 대한 선택은 오직 하나 '하나님의 아들' 뿐이다.

그러나 현대 회의주의자들은 또 다른 하나의 가능성을

제시한다. 그것은 '예수는 신화다' 라는 주장이다. 그들에 의하면 예수 이야기는 실제 역사적 인물에 관한 이야기가 아니라, 신화적 이야기에 불과하다고 말한다. 다시 말해서, 예수 이야기는 고대 신비 종교들을 조합하여 만들어낸 허구적 신화에 불과하다고 주장한다. 이러한 충격적인 주장은 티모티 프리크(Timothy Freke)와 피터 갠디(Peter Gandy)가 쓴 『예수는 신화다』라는 책에 잘 나타나 있다. 이 책은 매우 과감하게 예수의 정체성을 '역사적 인물'에서 '신화적 인물'로 우리의 시각을 변색시키려고 시도하고 있다. 이 책의 영향력은 지난 번에 방송된 SBS의 특별 다큐멘터리, "신의 길, 인간의 길"에서 매우 잘 드러났다. 그 프로그램을 만든 PD는 『예수는 신화다』라는 책을 읽고서 예수는 신화의 인물이라는 것에 동의하게 되었다고 한다. 이로 인해 예수의 정체성을 '신화' 내지 단순히 한 '인간'으로 보는 프로그램을 만들고자 하는 동기를 갖게 되었다고 한다.

    이처럼 오늘날 한국 사회에서 예수의 정체성을 '신화적 인물'로 치부하는 잘못된 견해는 정당한 학문적 근거없이 매우 빠른 속도로, 매우 다양한 계층에, 상당히 강력하게 퍼져 나가고 있는 현실을 인터넷을 통해서도 볼 수 있다. 그렇다면, 예수는 정말 신화의 인물인가? 예수의 복음은 역사적 사건에 기초한 것이 아니라, 고대 신비종교들의 신화에 근거하여 인위적으로 만들어낸 가공의 이야기에 불과한가? 한국 교회와 세계의 수많은 크리스천들이 믿는 예수는 허구의 신화적 인물인가? 만일 이것이 사실이라면, 정말 큰일이다. 우선 필자부터 당장 목회자의 길을 떠나야만 한다. 그렇지 않다면, 대중을 속이는 그 거짓행위를 마치 진실인양 내 양심을 속이면서 거짓 연극을 하고 있는 것이 되기 때문이다.

필자는 예수에 관한 역사적 근거들을 추적하면서, 예수의 생애야말로 여태껏 역사 속에 존재했던 고대의 종교 인물들 중에서 가장 뛰어난 역사성을 가지고 있다는 점을 발견하게 되었다. 뿐만 아니라, 예수 이야기는 신화적 이야기가 아니라 실제 역사를 토대로 하고 있다는 타당한 근거들을 발견하였다. 더 나아가, 프리크와 갠디가 쓴 『예수는 신화다』라는 책에서 학문적 근거가 매우 희박하며, 매우 잘못된 주장을 의도적으로 왜곡하고 있다는 사실을 발견할 수 있었다.

따라서 이 책에서는 한국 사회에 잘못된 예수 정체성을 제시한 책, 『예수는 신화다』의 주요 논지들을 간략히 분석하고, 그 주장의 허구를 밝혀 보도록 하겠다. 또한 예수의 이야기를 신화로 볼 수 없는 타당한 이유들과 성경의 예수가 역사적 예수인가에 대한 합당한 이유들을 설명하도록 하겠다.

I. 『예수는 신화다』: 저자들의 잘못된 주장

『예수는 신화다』의 저자, 프리크와 갠디는 그 책에서 '예수의 복음'에 대하여 다음과 같이 주장한다.

> 예수의 이야기는 역사적으로 실존했던 메시아의 전기가 아니라, 이교도의 유서 깊은 이야기들을 토대로 한 하나의 '신화'라고 우리는 확신하게 되었다. 그리스도교는 새롭고 유일무이한 계시 종교였던 게 아니다. 유대인 방식으로 각색된 고대 이교도의 미스테리아 신앙이었다.[6]

여기서 그들은 예수에 관한 이야기들은 실제 역사적 사실들이 아니라, 고대 신비 종교들의 신화에 영향을 받아 유대식으로 만들어진 허구적 신화에 불과하다고 결론을 내리고 있다.

또한 그들은 보다 최근의 책, 『비웃는 예수』(The Laughing Jesus)에서도 동일한 견해를 다음과 같이 주장하였다: "예수 이야기는 신화의 현저한 모든 특징들을 가졌다. 여기에 대한 이유는 간단하다. 그것은 신화다. 사실, 그것은 신화일 뿐만 아니라, 이방 신화의 유대 판(verson)이다."[7] 따라서 예수 이야기는 고대 신비종교들의 영향을 받아 유대식으로 만들어진 신화라는 주장은 그 저자들의 양보할 수 없는 가설인 동시에 결론이다.

그렇다면, 예수 이야기의 탄생에 영향을 끼쳤다는 '고대 신비종교들의 특성'에 대해서 잠시 생각할 필요가 있다. "소위 신비 종교들(mystery religions)이라고 불리는 것들은 초기 로마 제국의 동쪽 지중해 연안에서 매우 활발하게 생겨난 종교 운동이다."[8] 신비종교들은 공개적인 면도 있었지만, 대개 비밀스런 입문 절차를 거친 자들에게만 전해지는 신비스런 비밀을 간직하고 있었다. 그 신비 종교의 비밀스런 의식은 공개적으로 전달되지 않으며 오직 회원들에게만 알려준다. 그래서 수천 명이 입문했다고 알려져 있는 테메테르 제의의 경우에도 그 의식이나 입문식에 대한 구체적인 내용들은 지금까지 명확히 밝혀져 있지 않다.[9]

은밀하게 그 신비종교의 비밀 입문식을 거친 사람들에 한해서 그 종교의 신화의 비밀을 전수 받았고, 그 과정을 통하여 그들은 영적인 깨달음을 얻고자 하였다. 그들이 그 종교에 입문할 때 비밀을 맹세해야 하고 비밀스런 의식을 행하였기 때문에 그 종교들을 신비 종교라고 부른다.[10]

바로 이러한 신비 종교들은 다양한 지역에서 다양한 방식으로 그 종교 의식이 행해지고 있었다. 그런데 프리크와 갠디는 이러한 다양한 방식의 신비 종교들 속에 다음과 같은 공통점을 가지고 있으며, 그것이 그 신비 종교들의 핵심이라고 주장한다. 그들의 주장은 다음과 같다.

미스테리아의 핵심에는, 죽어서 부활한 신인(神人)과 관련된 신화가 놓여 있다. 그런데 이 신인은 여러 이름으로 알려졌다. 고대 이집트에서는 오시리스(이집트어로는 우시르), 고대 그리스에서는 디오니소스, 소아시아에서는 아티스, 시리아에서는 아도니스, 이탈리아에서는 바쿠스, 페르시아에서는 미트라스로 불렸다. 하지만 근본적으로 이들 신인은 모두 동일한 신화적 존재이다.[11]

위에서 프리크와 갠디는 고대 신비종교들이 가진 신화의 공통점은 죽어서 부활한 신인(godman)이며, 그 신인은 각 지역에 다른 이름으로 퍼져 있었다고 주장한다. 그렇다면 과연 위에서 언급된 고대 신비종교들이 모두 다 '죽어서 부활한 신인'의 신화를 가지고 있었겠는가? 이 문제에 대해서 철저히 살펴보는 것은 매우 중요하다. 사실 그 저자들은 그 책에서 기독교가 발생하기 이전의 신비 종교들에서 죽어서 부활한 신인에 대한 합당한 증거들을 제시하지 못한다. 여기에 대해서 잠시 후에 자세히 살펴보도록 하겠다.

프리크와 갠디는 "일찍이 기원전(BCE) 3세기에 통용된 이름들을 합성해서 오시리스-디오니소스라는 이름을 사용"하고 있다.[12] 그 저자들은 각각 다양한 지역과 다양한 방식으로 유지되고 있었던 신비 종교들을 통칭하여 '오시리스-디오니소스'라고 명명한다.

이제 프리크와 갠디가 오시리스-디오니소스 신화와 예수의 복음을 어떻게 연결시키고 있는지를 살펴보는 것이 필요하다. 그들의 주장에 의하면, 고대 지중해 세계에서는 고대로부터 내려온 신비종교들을 토대로 죽고 부활한 신인 신화의 여러 형태들을 만들어졌다고 한다. 그 다양한 신비 종교의 형태인 오시리스-디오니소스 신화들 중에서 유대인들이 선택하여 각색한 신화가 바로 죽었다가 부활한 신인(godman) 예수라는 것이다. 그들의 주장을 직접 들어보자.

> 고대 지중해 세계에서는 더 먼 옛날의 미스테리아를
> 받아들여 민족적 취향에 따라 각색을 했으며, 죽은 후
> 부활한 신인 신화의 여러 버전을 만들었다. 그 중 일부
> 유대인들은 이교도의 미스테리아를 받아들여 우리가

오늘날 영지주의로 알고 있는 것을 만들어 냈으며, 유대인 미스테리아 입문자들은 오시리스-디오니소스 신화의 유력한 상징들을 자신들의 신화로 각색했다. 그 신화의 주인공이 바로 죽었다가 부활한 신인godman 예수이다.[13]

그들은 바로 이것을 "예수 미스테리아 명제"라고 부른다.[14] 프리크와 갠디는 이러한 그들의 추측이 사실이라면, "예수 이야기는 결코 전기가 아니라, 유대인 영지주의자들의 영적 가르침을 암호화하기 위해 의식적으로 교묘히 꾸며 낸 것이 된다"고 역설한다.[15] 그러면서, 과연 어떻게 이러한 예수 미스테리아 명제가 발생하게 되었는지 그 이유에 대하여 다음과 같이 설명한다.

이교도 미스테리아 종교에서처럼, 영지주의의 은밀한 미스테리아에 입문하면 신화의 우의(寓意)적 의미가 밝혀지게 된다. 그런데 어쩌다가 입문을 하지 못한 자가 **실수로** 예수 신화를 역사적 사실로 간주하는 바람에 문자주의 그리스도교가 탄생했을 수도 있다. (굵은

글씨 필자추가)

프리크와 갠디는 신비종교에 입문하지 못한 자가 실수로 예수 신화를 역사적 사실로 간주하는 바람에 꾸며낸 이야기가 실제 역사로 둔갑했을 것으로 추정하고 있다. 그리고 이러한 자신들의 추정을 타당한 근거도 없이 사실화 시켜버린다. 그들의 견해에 따르면, 기독교는 어느 유대인이 고대 신비종교들의 신화들 중에서 **실수로** 역사적 실제 사건으로 잘못 이해했기 때문에 태어난 종교인 셈이다. 이 주장의 역사적 근거를 합리적으로 살펴볼 필요가 있다.

자! 그렇다면, 과연 저자들이 말하는 오시리스-디오니소스 신화가 예수의 전기와 얼마나 많이 닮았겠는가? 프리크와 갠디는 그 둘의 유사점을 다음과 같이 제시한다.

* 오시리스-디오니소스는 육체를 가진 신이며, 구세주이고, '하나님God의 아들'이다.
* 그의 아버지는 하나님이며 어머니는 인간 처녀(동정녀)이다.
* 그는 3명의 양치기가 찾아오기 전인 12월 25일에,

동굴이나 누추한 외양간에서 태어난다.

* 그는 신도들에게 세례 의식을 통해 다시 태어날 기회를 준다.

* 그는 결혼식장에서 물을 술로 바꾸는 기적을 행한다.

* 그가 나귀를 타고 입성할 때 사람들은 종려나무 가지를 흔들고 찬송하며 그를 맞이한다.

* 죽은 지 사흘 만에 부활해서 영광되어 하늘로 올라간다.

* 신도들은 최후의 날 심판자로 그가 다시 돌아오기를 기다린다.

* 그의 죽음과 부활은 그의 몸과 피를 상징하는 빵과 포도주 의식으로 기념된다.[17]

이들의 주장에 따른다면, 정말 놀라울 정도로 오시리스-디오니소스 신화와 신약 성경의 예수 이야기가 닮은 점들이 많다. 그래서 저자들은 "이처럼 너무나도 흡사하다는 사실을 우리는 왜 전혀 몰랐던 것일까?"[18] 라고 스스로 감탄한다. 사실, 이것은 너무나 놀라운 유사점이다. 단, 기독교가 발생하기 이전에, 실제로 이 같은 특성들을 모두 갖춘 오시리스-디오니소스 신화가 존재하였다면 말이다.

그렇다면, 고대 신화들을 연구한 학자들의 학문적 결과들을 토대로 하여, 프리크와 갠디의 주장들을 추적해 보겠다. 자! 이제부터 프리크와 갠디의 『예수는 신화다』에서 밝힌 주요한 논지들에 대하여 합리적으로 분석하도록 하겠다. 특히 예수는 신화가 아니라는 합당한 근거들에 대하여 자세히 살펴볼 것이다.

2
예수는 신화다 잘못된 이유들

02
예수는 신화다 잘못된 이유들

예수 이야기는 고대 신화들을 조합하여 만들어 낸 허구적 신화에 불과하다는 프리크와 갠디의 주장은 학문적으로 뒷받침 될 수 없는 난제들을 가지고 있다. 또한 그들의 주장이 의도적으로 조작된 것에 대한 합리적 근거들을 찾아볼 수 있다. 이제부터 예수의 복음이 허구적 신화가 아니라는 것과 프리크와 갠디의 주장은 조작된 허구에 불과하는 점에 대한 타당한 이유들을 밝혀보도록 하겠다.

1. 저자들은 고대 신비종교들을 모두 혼합하여 상상력에 기초를 둔 가상의 종교적 신화를 만들어내었다.

프리크와 갠디가 위에서 주장한 바와 같은 기독교와 유사한 고대 신비 종교들은 존재하지 않았다. 특히 기독교가 발생하기 이전에 그러한 특성들을 모두 갖춘 신비종교는 단 하나도 없었다. 이러한 사실은 프리크와 갠디 자신들도 인정하고 있다. 그들은 고대 신비 종교들 중에서 '예수 이야기와 완벽하게 일치하는 이교도 신화는 하나도 없다'는 사실에 대해 그들 스스로 인정하고 있다.[19]

위에서 언급한 바대로, 기독교와 매우 유사한 오시리스-디오니소스 신화의 특성들을 모두 갖춘 고대 신화는 단 하나도 존재하지 않았다. 그들은 고대 신비 종교들 중에서 각기 다른 특성들을 떼내어 한 곳에 갖다 붙여서 인위적인 오시리스-디오니소스 신화를 새롭게 창조해 낸 것이다.[20] 뿐만 아니라, 그들이 언급한 기독교와 유사한 특성들은 기독교가 발생하기 이전에 존재한 신비 종교들 중에서는 찾아

볼 수 없는 요소들이다. 이에 대해 학문적 근거부터 살펴보겠다.

우리는 프리크와 갠디가 매우 학문적 근거가 없는 주장을 하고 있다는 점에 대하여 다음의 권위있는 학자들의 연구결과들을 살펴볼 때 명확히 알 수 있다. 일찍이 역사적 예수에 대한 연구에 몰두하였던 알버트 슈바이츠(Albert Schweitzer)는 20세기 초에 학문성을 갖추지 못한 일반대중 작가들이 고대 신화들을 잘못 다룬다는 것에 대해 다음과 같이 지적하고 있다.

> 대부분의 대중 작가들은 이러한 종류의 부정확함으로 빠져들어 갔다. 그들은 정보의 다양한 파편들로부터 최소한 바울 시대에도 결코 실제적으로 존재하지 않았던 보편적 신비 종교를 만들어 낸다.[21]

프리크와 갠디는 『예수는 신화다』에서 자신들의 주장이 마치 새로운 학설인 것처럼 과장하고 있지만, 사실 그러한 주장은 20세기 초의 슈바이츠 시대에도 유행했었다. 슈바이츠는 그런 근거없는 고대 신화는 바울 시대에도 존재하지 않았다고 반박하였다. 성경 연구의 대학자인, 브루스 메쯔거(Bruce M. Metzger)는, '독특한 신비 종교의 형태는 장소에 따라서 달랐고, 나라와 나라에 따라서 다 달랐을 것이다'고 말한다.

또한, 기독교 세례와 다른 신비종교의 세례를 비교 연구한 군터 와거너(Gunter Wagner)는 "최고로 빼어난 그 신비 종교는 결코 존재하지 않았다. 그리고 매우 확정적으로 AD 1세기에는 존재하지 않았다"라고 명확하게 밝힌다.[23] 다시 말해서, 프리크와 갠디가 주장한 바대로, 기독교가 그 모든 핵심 교리를 베껴 올 만큼 완성된 신비종교는 예수시대 이전에는 존재하지 않았다는 학문적 주장을 와거너는 제시하고 있는 것이다.

뿐만 아니라, 고대신비 종교들과 기독교의 관계를 깊이 있게 연구한 로날드 내시(Ronald Nash)는 다음과 같이 주장한다.

기독교가 빌려올 만한 거듭남에 대한 기독교 이전의

교리는 없었다는 것을 우리는 발견한다. 기독교 이전의 신비의식들은 거듭남의 방식으로서 그들의 입문의식이라는 주장은 그렇게 진술된 행위들을 지지할 수 있는 그 어떠한 현대적 증거는 없다. 그 대신에, 아주 후대 자료 속에 발견된 하나의 관점은 초기 의식들을 후대의 시각에서 역으로 읽은 것이다. 그러한 초기 의식들은 입문자들의 '새로 태어남'에 대한 드라마틱한 묘사로서 매우 불명확하게 해석하고 있다. 기독교 이전의 신비 의식들이 실제 용어로서 거듭남을 사용하였다는 믿음은 심지어 단 한 개의 자료에서도 뒷받침될 수 없다.[24]

여기서 내시는, 『예수는 신화다』라는 책의 주장처럼, 고대 신비 종교들이 '기독교의 거듭남'과 동일한 의미에서 그들의 입문식을 치렀다는 근거는 발견할 수 없다고 밝히고 있다. 따라서 프리크와 갠디가 『예수는 신화다』에서 신비종교의 추종자들이 '세례의식을 통하여 거듭남의 기회'를 제공하였다고 주장한 것은, 역사적 근거가 없는 주장이다.[25]

그러므로, 위에서 언급한 학자들의 연구 결과들은 무

엇을 말해 주는가? 그것은 『예수는 신화다』의 저자들의 주장은 학문적 근거가 없다는 사실을 알려주고 있다. 왜냐하면, 실제로 기독교가 발생하기 이전에 기독교의 주요 교리들을 모두 갖춘 신비종교는 단 하나도 존재하지 않았기 때문이다. 기독교 이전에 프리크와 갠디가 주장하는 특성들을 갖춘 '오시리스-디오니소스'라는 신비종교는 실제로 존재하지 않았다.

2. 두 종교 사이의 유사점들이 있다고 해서 표절에 대한 논리적 필연성을 제공하지 않는다.

만약 어느 두 종교 사이에 유사점들이 발견된다고 하더라도, 그 유사점들은 반드시 한 종교가 다른 종교에서 그 유사한 내용들을 빌려왔다는 점을 필연적으로 말해 주지 않는다. 다시 말해서, 두 종교 사이의 유사점들은 반드시 어느 종교가 남의 것을 베꼈다는 것을 확증시켜 주지 못한다. 『예수는 신화다』의 저자들은 기독교와 고대 신비종교들의 유사점들을 근거로 하여, 기독교가 신비종교들의 신화를 유대식으로 베껴서 기독교 신앙이 탄생하였다고 주장한다.[26]

그러나 이것은 타당한 주장이 아니다. 왜냐하면, 인간은 '종교성'이라는 보편적 공통 요소들을 가지고 있다. 그래서 인간의 보편적 종교성을 토대로 생겨난 종교들은 때로는 서로 비슷한 개념들을 공유할 수도 있다. 예를 들어, 인간의 한계를 뛰어넘는 구원을 바란다든지, 영원한 삶을 갈망한다든지, 절대자 신을 찾는다든지, 그 종교적 삶을 위한 어떤 의식을 행한다든지, 등과 같은 보편적 유사성들은 자연스럽게 공유할 수 있다. 그래서 인간의 보편적 갈망을 통한 유사점들을 근거로 하여, 한 종교가 다른 종교의 것을 빌려왔다고 단정하는 것은 많은 무리가 따른다. 그 유사점들에 대한 보다 세밀한 관찰과 연구가 반드시 뒤따라야만 하는 것이다.

여기에 대하여, 저명한 메쯔거는 다음과 같이 주장하고 있다.

> 사람들은 유사점들을 보고 한 종교가 다른 종교에 영향을 끼쳤다는 결론으로 비약한다. 물론 어떤 것들은

유사점을 보인다- 대부분의 종교들은 어떠한 종류의 구원, 특정한 실천 의식들, 또는 공동식사들에 대해서 이야기하고 있다. 그러나 이러한 점들이 어떤 종교가 다른 종교를 의존하고 있다는 것을 말하는 것은 아니다.[27]

위의 언급대로, 유사점들이 반드시 한 종교에서 다른 종교에 영향을 끼쳤다는 사실을 보증해 주는 것은 아니라는 점을 잘 인식할 필요가 있다.

이러한 점은 종교뿐만 아니라, 일반 사상가들의 글을 분석할 때도 동일하게 적용되는 원리이다. 다시 말해서, 어떤 학자의 글에서 다른 사상가의 글과 유사한 부분이 발견된다고 해서, 그 학자가 다른 사상가의 영향을 받았을 것이라는 상상은 논리적 필연성을 가지고 있지 않다. 예컨대, 미셸 푸코(M. Foucault)의 경우, 그의 글에서 프랑크푸르트학파(Frankfurt Schule)의 거장 테오도르 아도르노(T. Adorno)의 사상이 수 없이 발견된다. 예를 들어, '유폐된 그물망'이라는 푸코의 핵심개념과 아도르노의 '관리된 사회'(Verwaltete Welt)라는 개념은 그 의미와 기능 면에서 거의 동일하다. 그러나 푸코는 그의 인생 말년에 고백하기를, 자기가 일찍 아도르노를 알았더라면 자신의 학문의 많은 수고가 덜어졌을 것이라고 한탄하였다. 동시대를 살았고, 프랑스와 독일이라는 지리적인 근접성에도 불구하고, 자신은 전혀 아도르노를 몰랐다고 고백하였다.[28]

이러한 사실은 무엇을 말해 주는가? 그것은 종교 개념의 유사성이나 사상의 유사성이 반드시 한 쪽이 다른 한 쪽을 일방적으로 베꼈다는 필연성을 말해 주는 것은 아니라는 것이다. 그런 근거 없는 주장을 논리학에서는 '논리의 비약'이라고 한다.

따라서 두 종교 사이에 어떤 유사점들이 발견된다면, 그 유사점들에 대한 보다 종합적인 연구와 검토가 있어야만 한다. 보다 객관적이고 학문적인 탐구를 바탕으로 할 때 그 결과는 신뢰할 수 있다. 그러나 『예수는 신화다』의 저자 프리크와 갠디는 이러한 정밀한 학문적인 연구가 결여되었다.

3. 기독교가 신비종교들의 신화를 베꼈다는 주장은 연대기적 오류를 범하고 있다.

『예수는 신화다』의 저자 프리크와 갠디는 예수 이야기는 고대 신비 종교들의 신화를 각색하여 만든 신화라고 주장한다. 고대 신비종교들이 가진 신화의 공통점은 죽어서 부활한 신인(godman)이며, 그 신인은 각 지역에 다른 이름으로 퍼져 있었다고 주장한다.[29] 만약 그들의 주장대로, 유대인들이 고대세계에 퍼져 있었던 죽고 부활한 신인 신화들을 각색해서 예수 신화를 만들어 냈다고 가정해 보라. 그렇다면, 반드시 예수 시대 이전에 고대 신비종교들은 기독교인들이 모방할 정도로 충분히 발달된 '죽어서 부활하는 신인 신화'가 유대 지역에 상당히 보편화 되어 있어야만 한다. 뿐만 아니라, 기독교가 어떤 신비 종교를 모방하였으며, 어떤 시기에, 어떤 경로를 통하여 어떻게 그 내용들을 차용하였는가에 대한 분명한 설명이 제공될 수 있어야만 한다. 그러나 여기에 대한 그 어떠한 타당한 설명이나 근거는 존재하지 않는다.

a. 기독교 발생 이전에 '죽었다가 3일 만에 다시 살아난 신들'은 없다!

실제 고대 역사를 살펴볼 때, 기독교가 발생하기 이전에 기독교가 그 내용을 빌려 올 수 있을 만큼 성숙된 신비종교는 존재하지 않았다. 기독교가 발생한 예루살렘과 갈릴리 지역뿐만 아니라, 로마의 전 지역을 통해서도 그렇게 성숙한 신비종교가 실제로 존재하였다는 역사적 근거는 전혀 찾아 볼 수 없다.

고대 신화에 대해서 깊이 연구한 티. 엔. 디. 메팅거(T. N. D. Mettinger)는 주장하기를, "기독교 이전에는 죽었다가 다시 살아난 신들은 없다"라고 명확히 밝히고 있다.[30] 이러한 메팅거의 견해에 거의 모든 현대 학자들은 동의하고 있다고 신약 성경 역사가인 마이클 리고나(Michael R. Licona)는 주장한다.[31] 고대 신화에 관한 저술에서 메팅거는 주장하기를, 기독교 이전에 죽음과 부활에 관련된 신들에 대한 세 개 혹은 다섯 개의 신화들이 있었다고 한다. 그러나 문제의 핵심은 이 신화들이 예수의 부활과 실제적으로 닮은 유사성이 존재하는가라는 점이다. 이 신화들 중에서 '그 어떠한 것도 예수와 실제로 닮은 것은 없다'고 메팅거는 확정한다. 그 이유에 대하여 메팅거는 다음과 같이 설명한다.

> 그 신화들은 예수가 죽음에서 부활한 보고와는 매우 다른 차이점을 보이고 있다. 그 신화들은 구체적이지도 않고, 시기적으로도 오랜 시간 전에 발생한 것이다. **그리고 그 신화들은 대개가 식물의 계절적인 삶과 죽음의 순환에 관련되어 있다.** 이와 대조적으로, 예수의 부활은 반복되지 않는다. 또한 계절적인 변화와 연결되지도 않는다. 그리고 역사적 예수와 같은 세대에 살았던 사람들에 의해서 실제로 일어났던 사건으로 진지하게 믿어지고 있었다. 더욱이, 죄를 대신해서 고통을 당하는 것으로서, 신들의 죽음과 부활에 대한 증거는 없다.[32] (굵은 글씨 필자 첨가)

위의 글을 통하여 알 수 있는 것은, 고대 신비종교의 신화들은 실제 인간이 죽고 부활하는 것과는 전혀 상관이 없다. 단지, 식물이 계절에 따라서 태어나고 성장하다가 죽고, 그 다음 해에 또 다시 태어나는 식물의 계절적 순환에 대한 상징적 묘사들과 관련된 신화들이라는 것이다.

이러한 견해는 메팅거의 독자적인 주장이 아니다. 고대 신화를 학문적으로 연구하는 권위있는 학자들이 동의하는 것이다. 특히 고대 역사와 신화에 대하여 깊이 있게 연구한 에드윈 야마우치(Edwin M. Yamauchi)는 다음과 같이 주장한다.

> 이 모든 신화들은 식물의 생장에 있어서 죽음과 재생에 대한 반복적이고 상징적인 묘사들이다. 이러한 것은 역사적 모습이 아니다. 그리고 그들의 죽음 중 그 어떠한 것도 구원을 제시하기를 의도하지 않는다. 예수 그리스도의 경우에 있어서, 심지어 기독교인이 아닌 역사가들, 즉 요세푸스와 타키투스와 같은 역사가들도 예수가 티베리우스 황제 시대에 본디오 빌라도의 통치 하에 있을 때 죽었다는 사실을 보도하고 있다. 예수의 부활에 대한 보고들도 매우 이런 초기에 기록되었으며 목격자적 증언에 그 뿌리를 두고 있다.[33]

위와 같이, 고대의 다른 신화들과 예수의 죽음과 부활은 전혀 다른 것이다. 그렇다면, 이제 죽음과 부활에 관련하여 실제적으로 고대 신화들의 사례들을 하나씩 살펴보는 것이 필요하다.

b. 죽음과 부활에 대한 고대 신비종교의 신화들에 대한 실제 사례들

학문적 정밀성을 갖추지 못한 작가들에 의해 널리 퍼진 잘못된 정보들과 인터넷에 의하면, 기독교가 고대 지중해 지역에 널리 퍼져있었던 죽고 부활한 고대 신화들로부터 베껴온 것이라고 한다. 그러나 이것은 학문적 근거가 없는 주장이다. 고대 신비종교들의 신화들 중에서 중요한 사례들을 생각해 보면 다음과 같다.

첫째, 야마우치에 의하면, 마르둑(Marduk) 또는 디오니소스(Dionysus)에는 부활이 없다고 한다. 고대 로마시대의 종교와 신화 연구에 저명한 에버레트 퍼거슨(Everett

Ferguson)은 디오니소스 신비종교의 관련된 자료들을 면밀히 분석한 후에 다음과 같은 결론을 내리고 있다: "디오니소스나 그 종교에 입문한 사람들은 죽음에서 다시 살아난다고 생각하지 않았다. 오히려 그 디오니소스 신비종교는 디오니소스적인 술취함의 환락으로서, 또 다른 세상에서의 삶을 묘사함으로써 죽음에 대한 불안을 제거해 주었다."[35] 따라서 디오니소스 신비종교에는 실제적인 부활이 없었다고 주장한다. 또한, 마르둑 신화에는 죽음에 대한 분명한 고대 기사가 없다. 따라서 당연히 부활에 관한 기사도 더욱 명확하지 않다.[36]

둘째, 아티스(Attis)는 기독교보다 오래된 신화이다. 하바드 대학의 신약학 교수인 헬무트 쾨스트(Helmut Koester)는 '아티스가 죽었다가 다시 살아났다는 말이 없다'고 주장한다.[37] 실제적으로 아티스의 부활은 AD 150년까지는 등장하지 않는다. 그 이전에 아티스의 부활에 관한 근거는 전혀 없다. 따라서 아티스의 부활 이야기는 예수 시대로부터 아주 후대의 이야기가 된다.

셋째, 탐무즈(Tammuz)에도 실제적인 부활은 없다고 야마우치는 주장한다.[39] 탐무즈(Tammuz)는 별 근거 없이 부활을 말하고 있다. 탐무즈는 메소포타미아의 다산의 신이다. 이 신은 수메르 사람들(Sumerian)에게는 두무지(Dumuzi)로 알려져 있다. 부활 연구 전문가인 마이클 리고나(Michael Licona)에 의하면, 어떤 학자들은 탐무즈(Tammuz)가 죽고 살아나는 신에 해당한다고 한다.[40] 그러나 그 주장은 어렵지 않게 의문시 되고 논박당한다고 한다. 게다가 그 신화는 빈 무덤이나 죽은 자의 출현에 대한 보고가 전혀 없기 때문에 실제적으로 좋은 유사성을 가진다고 볼 수 없다.[41]

넷째, 아도니스(Adonis)는 예수 시대보다 최소한 백년 이후에 등장한다. 후기 작가들에 의해서 아도니스는 탐무즈와 일치한다. 아도니스에 대하여 깊이 있게 연구한, 피에레 람브레츠(Pierre Lambrechts)는 '아도니스에 대한 초기 정보에는 부활에 대해서 가르치는 것은 없다' 사실을 학문적으로 밝혀준다. 학자들에 의하면, "비록 네 가지 자료들에서 아도니스의 부활에 대해서 말하고 있지만, 그 자료들의 기록 연대는 AD 2세기에서 AD 4세기이다. 이것은 분명히 예수 시대로부터 아주 후대의 이야기가 된다."[42] 또한 퍼거슨(Ferguson)도 AD 2세기 이전에는 아도니스의 부활에 관한 증거는 전혀 없다고 밝히고 있다.[43]

다섯째, 오시리스(Osiris) 신화도 실제적인 부활 사건을 보여주지 않는다. 부활에 관한 연구에 전문가인 리고나(M. Licona)는 다음과 같이 오시리스 신화에 대하여 설명해 주고 있다.

> 오시리스는 흥미롭다. 가장 대중적은 기사에 의하면, 오시리스의 형제가 그를 죽여서, 14개의 조각으로 나뉘었다. 그리고 그 시신을 세상에 흩어 버렸다. 그런데 여신인 이시스(Isis)는 오시리스를 불쌍하게 여겼다. 그래서 그녀는 오시리스의 시신 조각들을 모아 묻어주기 위해서 오시리스의 시신들을 찾았다. 그러나 여신 이시스는 오시리스의 시신 14개의 조각들 중에서 13개만 찾을 수 있었다. 그 시신들을 모아서 잘 묻어주었다. 그러나 오시리스는 이 세상으로 되돌아오지 않는

다. 그는 지하의 신의 상태가 된다. 그곳은 의식상태가 아닌 가사의식 상태의 어둡고 암울한 장소이다.[44]

오시리스 신화에 대하여 리고나는 결론적으로, "이것은 부활이 아니다. 이것은 가사 의식 상태이다"라고 주장한다.[45] 야마우치도 이에 동의하기를, 이것은 "예수가 부활한 것과 같은 의미에서의 부활이 아니다! 오시리스는 생명을 가지게 되었다. 그러나 그는 지하의 왕이다"라고 강조한다.[46] 쾨스트(Koester)는 그의 책, 『신약성서 배경연구』에서 오시리스가 죽어서 죽음의 영역을 다스리는 주인이 된 것은 확실하지만, 오시리스가 "다시 살아났다는 말은 없었다"고 명확하게 밝히고 있다.[47]

또한 메쯔거도 말하기를, "이것이 올바른 개념의 부활인지 아닌지에 대해서 의문스럽다. 특별히 지역 전통에 의하면, 오시리스가 매장된 그곳에 오시리스의 몸이 여전히 누워 있다고 본다."라고 하였다.[48] 또한 프랑스 학자 로랜드 데 바우스(Roland de Vaux)는 말하기를, "오시리스는 결단

코 생명 사이에 돌아오거나 죽음을 극복하고 다스리지 못할 것이다"라고 말했다. 그는 결론 내리기를, "오시리스는 부활을 알지 못하였고, 단지 지하세계를 다스리는 지배자가 되었다"고 주장한다.[49]

그러므로 오시리스 신화는 역사적 증거의 지지를 받고 있는 예수 사건과는 비교될 수 없다. 이러한 신화를 바탕으로 예수의 부활을 만들어 내었다고 볼 수 있는 합당한 이유와 근거를 발견할 수 없다.

여섯째, 미트라스(Mithras)는 죽고 부활했다는 근거를 발견할 수 없다. 여기에 대하여 야마우치는 다음과 같이 주장한다.

> 우리는 미트라스의 죽음에 대해서 그 어떤 것도 아는 바가 없다. 우리는 많은 옛 문서들을 가지고 있다. 그러나 우리는 거의 문서적 증거를 가지고 있지 않다. 왜냐하면 그 종교는 비밀스런 종교(a secret religion)이기 때문이다. 그러나 미트라스의 죽음과 부활을 지지하는 근거는 없다는 것을 나는 알고 있다.[50]

이처럼 미트라스가 죽은 후 부활했다는 근거는 전혀 없다. 리처드 골든(Richard Gordon)은 그의 책, 『그레꼬-로만 세계에서 이미지와 가치』(Image and Value in the Greco-Roman World)에서 "미트라스의 죽음은 없다"고 선언한다.[51] 따라서 미트라스는 죽었다고 볼 수 없기 때문에 당연히 부활은 없는 것이다.

지금까지 우리는 고대 신비종교의 신화들 중에서 죽음과 부활에 관련된 자료들에 대한 학자들의 견해를 살펴보았다. 자유주의적 신학 성향을 가진 하바드 대학의 쾨스트를 비롯해서, 고대 신화를 깊이 연구한 야마우치, 메팅거, 그리고 메쯔거 등과 같은 권위 있는 학자들은 신비종교의 신화들은 실제로 죽고 부활한 사건을 알려주고 있지 않다고 명확히 밝히고 있다. 이 학자들은 고대 신비종교들의 신화에서 예수의 역사적 죽음과 부활에 견줄만한 것이 없다고 본다. 여기에 대하여 노만 앤드슨(Norman Anderson)은 다음과 같이 언급한다.

만약, 한 종교에서 다른 종교로 빌려왔다면, 어디서 어디로 빌려갔는지 그 길에 대해서 분명하게 보일 것이다. 내가 아는 한 1세기 초에 팔레스타인에서 신비 종교들이 어떠한 영향력을 끼쳤다는 것에 대한 그 어떠한 증거도 없다.[52]

다시 말해서, 지금까지 AD 1세기 초기에 팔레스타인에서 신비종교가 유대인의 신앙 형태에 실질적인 영향을 끼쳤다는 것에 대한 고고학적 증거는 거의 없다. 기독교 발생 이전에 고대 로마 통치 지역에 존재하였던 신비종교들 중에서 실제로 죽고 삼 일만에 다시 살아나는 신인에 관한 신화도 존재하지 않았다.

이러한 사실들이 우리들에게 무엇을 말해 주고 있는가? 그것은 예수의 죽음과 부활에 관한 실제 역사적 이야기가 고대 신비종교들의 신화로부터 영향을 받을 수 없었다는 사실을 강력하게 뒷받침 해주는 것이다.

우리가 이러한 학자들의 견해를 토대로,『예수는 신화다』를 쓴 프리크와 갠디의 주장을 다시 한 번 살펴볼 필요가 있다. 그들은 예수의 죽음과 부활은 고대 신비 종교들의 신화를 각색하여 만든 신화라고 주장하였다. 그 근거로써, 고대 신비종교들이 가진 신화의 공통점은 죽어서 부활한 신인(godman)인데, 그 죽고 부활한 신인은 각 지역에 다른 이름으로 퍼져있었다고 주장하였다.

> 미스테리아의 핵심에는, 죽어서 부활한 신인(神人)과 관련된 신화가 놓여 있다. 그런데 이 신인은 여러 이름으로 알려졌다. 고대 이집트에서는 오시리스(이집트어로는 우시르), 고대 그리스에서는 디오니소스, 소아시아에서는 아티스, 시리아에서는 아도니스, 이탈리아에서는 바쿠스, 페르시아에서는 미트라스로 불렸다. 하지만 근본적으로 이들 신인은 모두 동일한 신화적 존재이다.[53]

그들에 의하면, 이렇게 죽어서 부활한 신화가 예수 이전에 매우 활발하게 유행하였다고 주장한다. 그러나 이러한 주장은 역사적이고 학문적인 근거가 없는 주장임이 명백하게 밝혀졌다. 따라서 프리크와 갠디의 주요 논지인 아래의 내용들도 신뢰할 가치가 없다.

프리크와 갠디는 그들의 상상에 근거하여 다음과 같이 새로운 상상을 제시한다.

> 고대 지중해 세계에서는 더 먼 옛날의 미스테리아를 받아들여 민족적 취향에 따라 각색을 했으며, 죽은 후 부활한 신인 신화의 여러 버전을 만들었다...유대인 미스테리아 입문자들은 오시리스-디오니소스 신화의 유력한 상징들을 자신들의 신화로 각색했다. 그 신화의 주인공이 바로 죽었다가 부활한 신인 godman 예수이다.[54]

기독교 이전에 고대 세계에서는 유대인들이 예수 신화로 모방할 정도로 발달된 죽어서 부활하는 신인 신화가 존재하고 있지 않았다는 학자들의 견해를 살펴보았다. 프리크와 갠디의 주장이 타당하지 않다.

기독교가 고대 신비종교로부터 모방하였다는 잘못된 주장에 대하여 로날드 내시(Ronald Nash)는 다음과 같이 명확히 주장하고 있다.

> 어느 신비적 신들이 실제적으로 죽음에서 살아난 부활을 경험하였는가? 분명히 초기 자료들은 아티스(Attis)의 그 어떠한 부활도 알려주지 않는다. 아도니스(Adonis)의 경배를 부활에 연결시키려는 시도들도 동일하게 매우 약하다. 오시리스(Osiris)의 부활의 경우에도 마찬가지로 어떠한 강한 점도 없다…그리고 물론 미트라스가 죽고 다시 살아난 신이라고 주장할 수도 없다. 프랑스 학자 엔드레 보우랜걸(Andre Boulanger)는 다음과 같이 결론을 맺었다: "신이 그의 충실한 신자들을 영원한 삶으로 이끌기 위해서 죽고 다시 살아난다는 개념은 헬라적 신비 종교가 아니라는 것을 나타내는 것이다." [55]

이처럼, 기독교가 발생하기 이전에 고대 신비종교는 죄를 용서하기 위하여 죽고 부활한 신을 믿지 않았다. 따라서 예수 이야기는 고대 신비종교의 죽고 부활하는 신인의 신화를 모방하였다는 잘못된 주장은 전혀 근거 없음이 밝혀졌다.

c. 기독교와 신비종교들 사이의 유사점들은 신비종교가 기독교의 영향을 받았을 가능성을 말해 준다.

기독교의 핵심 교리가 고대 신비종교로부터 영향을 받았다고 주장하는 사람들은 그 근거로서 예들을 제시한다. 예를 들어, 젖먹이는 이시스 여신상은 기독교 성화 속의 젖먹이는 성모상과 놀랍도록 닮아 보인다.[56] 예수가 죽은 지 사흘 만에 부활했듯이 오시리스도 죽은 지 사흘 만에 되살아난다. 그리고 디오니소스도 죽은 후 얼마 되지 않아 무덤에서 일어나 하늘로 올라갔다.[57] 미트라스의 추종자들은 미트라스도 하늘에 올라가서 하늘에서 종말의 때를 기다리고 있다고 믿었다. 미트라스의 탄생 축제일은 12월 25일인데 예수의 성탄일과 똑같다.[58] 미트라스교에서도 기독교의 성찬식과 마찬가지로 빵과 포도주로서 신성한 의식을 행하고 있었다.[59] 그 외에도 유사점들을 발견할 수 있다.

바로 이러한 유사점들을 근거로 하여, 대중작가들은 기독교가 고대 신비종교들로부터 그 신앙의 핵심 교리들을 베꼈다고 단정 짓는다. 그러나 지금까지 우리가 살펴본 바 대로, 기독교 이전에 실제로 죽었다가 실제로 다시 부활하는 고대 신비종교의 신인(godman) 신화가 실제로 존재하고 있었는가? 아니다! 그런 고대 신화는 존재하지 않았다. 신비종교에는 기독교에서처럼 인류의 죄를 대속하기 위해 죽고 부활하는 성숙한 신화가 존재하지 않았다.

그렇다면, 위에서 나열된 기독교와 신비종교들 사이의 놀라운 유사점들을 어떻게 이해해야 합당한가? 기독교가 신비종교를 모방한 것이 아니라, 신비종교들이 기독교 핵심 교리들을 모방하였다. 그 이유는 다음과 같다.

첫째, 초기 기독교는 처음부터 배타적이었다. 그러나 고대 신비종교들은 처음부터 혼합주의였다.[60] 특히 1세기 유대인들의 사고방식은 혼합주의를 매우 싫어하였다. 유대인들은 유일신을 고집하였고, 유대적 배경을 가진 기독교인들도 마찬가지였다. 이러한 배타성은 예수 그리스도에게까지 적용되었다. 사도들은 오직 그리스도 안에서만 구원이 있음을 담대하게 선포하였다: "다른 이로서는 구원을 얻을 수 없나니 천하 인간에 구원을 얻을 만한 다른 이름을 우리에게 주신 일이 없음이니라 하였더라"(행 4:12).

뿐만 아니라, 사도 바울도 데살로니가 교인들에게 편지하면서, 마게도니아와 아가야 지역에 있는 사람들의 이야기를 전하며 다음과 같이 말하였다: "그들은 우리를 두고 이야기합니다. 우리가 여러분을 찾아갔을 때에 어떠한 영접을 받았는지, 어떻게 해서 여러분이 우상을 버리고 하나님께로 돌아와서 살아 계시고 참되신 하나님을 섬기는지"(살전 1:9). 여기서 '어떻게 해서 여러분이 우상을 버리고 하나님께로 돌아와서 살아 계시고 참되신 하나님을 섬기는지,' 바로 이것이 AD 1세기 유대인과 그리스도인의 사고방식이었다.[61] 그래서 사도적 기독교는 처음부터 다른 종교와 교리적으로 타협하지 않았다.

그러나 다른 신비종교들은 처음부터 매우 혼합적인 형태를 띠고 있었다.[62] 그 당시 신비종교들은 다른 지역의 신비종교들을 모방하여 자신의 신앙의식에 활용하였다. 신비종교들은 모든 것에 포용적이었기 때문에 신비종교를 믿으면서도 로마황제를 경배할 수도 있었고, 또한 다른 신들을 동시에 예배할 수도 있었다. 따라서 사도적 기독교에서 혼합주의적인 증거는 찾아볼 수 없지만, 신비종교들은 그 시작부터가 혼합주의적 경향성을 보여주고 있다.[63]

그러므로, 이러한 기독교의 배타성과 신비종교들의 혼합주의적 성향들을 고려해 볼 때, 만약 기독교와 신비종교 사이에 영향력을 주고 받았다면, 그 방향은 분명히 기독교가 신비종교들에 영향력을 끼쳤다고 보는 것이 훨씬 더 타당하다. 특히, AD 2세기에 기독교 신앙이 로마의 전 지역에 퍼졌을 때, 그 신비종교들은 기독교에 대해서 좀 더 수용적인 태도를 보였다. 신비종교의 이러한 혼합주의적 성향은 기독교와 경쟁하면서 더욱 더 뚜렷하게 나타난다.

예를 들어, 쾨스트(Koester)에 의하면, 고대 헬라인들은 모든 살아있는 것의 어머니인 키벨레(Kybele)를 숭배하였다고 한다. 키벨레의 신비 제의 의식은 타우로볼리움(taurobolium)이라고 불렸다. 원래 이것은 황소 싸움이었지만, AD 2세기와 3세기에는 황소를 제단에 바치는 의식으로 광범위하게 퍼져있었다. 이 신비의식의 특징은 입문자를 구덩이 속에 들어가게 하고 거기에 황소의 피를 쏟아 부었다. 그 때 그 입문자는 그 피의 목욕을 통하여 속죄를 이룬다고 믿었다. 그 속죄의 유효 기간은 20년이었다. 이 기간이 지나면 그 의식을 다시 거행해야만 하였다. 쾨스트는 이 신비의식은 기독교의 영향을 받아서 발달했을 것이라고 주장한다.[64]

그런데 더욱 흥미로운 사실은 키베레 신비종파가 기독교와 계속적으로 경쟁을 하면서 속죄함을 받는 그 피의 유효기간을 20년에서 영원까지 끌어올렸다고 한다. 다시 말해서 한 번 황소의 피로써 목욕을 한 사람은 다시는 그 피 목욕이 필요하지 않으며, 영원히 그 속죄함이 유효하다는 것이다. 메쯔거(Metzger)는 이러한 사례는 혼합적 성향을 가진 신비종교가 기독교의 신앙 형태를 모방한 실례라고 주장한다.[65] 이처럼, 고대 신비종교들은 기독교 발생의 기원에 대한 영향력을 끼치지 못했을 뿐만 아니라, 도리어 기독교의 신앙을 모방하여 자신의 종교 의식에 활용하였다고 볼 수 있다.

둘째, AD 2세기 후반부터 3세기의 신비종교들은 기독교 신앙으로부터 적극적인 모방을 시도하였다고 볼 수 있다.[66] 앞에서 살펴보았듯이, 기독교가 발생하기 이전에 고대 신비종교들은 기독교 형성에 영향을 끼칠 수 있을 만큼 성숙되지 못하였다. 실제로 죽었다가 3일 만에 부활한 신인은 존재하지 않았다. 특히 유대 지역에서 그 신비종교들의 실질적인 영향력은 별로 감지되지 않는다.

그러다가 특히 AD 3세기에 들어섰을 때부터, 신비종교들의 문서나 여러 자료들은 죽었다가 부활한 신들에 대한 이야기를 쏟아내기 시작하였다. 다시 말해서, AD 1세기 때만 해도 각 신비종교들은 기독교의 핵심교리와는 거리가 멀었다. 그런데 갑자기 AD 2세기 후반부터 특히 3세기에 기독교와 유사한 종교 의식들을 많이 보이기 시작했다.[67]

그래서 프리크와 갠디를 비롯하여, 기독교와 신비종교의 유사점들을 강조하는 사람들은 거의 다 2세기 후반 또는 3세기 자료들을 그 근거로 내세운다. 이와 같이 기독교가 발생한 후 최소한 100년 내지 200년이 지난 시기에 나타난 자료들을 근거로 하여 기독교와 신비종교가 닮았으며, 기독교가 신비종교의 내용을 베꼈다고 주장한다.

예를 들어, 프리크와 갠디의 주장에 의하면, 오시리스-디오니소스가 예수와 똑같이 십자가에 못박혀 죽으리라고 묘사되었다고 한다. 그 근거로서, 어떤 도자기 그림을 보면, 디오니소스가 십자가에 매달려 있으며, AD 2-3세기 로마 시대의 한 석관에는 나이든 사도 1명이 어린 디오니소스에게 커다란 십자가를 갖다 주는 그림이 그려져 있다고 한다.[68] 또한, "같은 시기에 만들어진 부적에는 십자가에 못 박힌 인물이 새겨져 있는데 처음 보면 예수로 착각하기 십상이지만, 사실 그것은 오시리스-디오니소스이다"라고 그들은 주장한다.[69]

이러한 기독교와 유사점들은 AD 1세기나 그 이전에는 발견되지 않는다. 오직 기독교가 매우 많은 지역에서 심각한 영향력을 끼치고 있었던 AD 2-3세기 이후에 그러한 유사점들이 발견된다.

이러한 점들은 무엇을 말해 주고 있는가? 처음부터 배

타적인 기독교가 신비종교에서 베낀 것이 아니라, 도리어 시작부터 혼합적이고 모방을 좋아했던 신비종교들이 기독교 신앙에서 모방하였다고 말할 수 있다.

실제로 기독교와 매우 놀랄만한 유사점을 가진 미트라스교(Mithraism)의 경우를 살펴보자. 야마우치에 의하면, "신비종교로서 미트라스교는 대략 AD 90년경까지는 그 존재가 입증되지 않는다"고 한다. "서방에서 가장 초기의 미트라적인 비문은 AD 101년 트라얀(Trajan) 황제의 통치 아래서 완벽한 조각상이 등장한다"고 말한다.[70] 따라서 미트라스에 대한 구체적인 내용들은 AD 2세기가 넘어서야 서서히 그 정체가 드러난다는 사실을 알 수 있다. 사실 그 정체조차 알 수 없는 미트라스가 처음부터 유대의 기독교 발생에 영향을 끼쳤다는 점은 상식적으로 받아들이기 힘들다. 이 점에 대해서 야마우치는 다음과 같이 명확히 설명하고 있다.

> 가장 초기의 미트라스교의 예배당은 AD 2세기 초라고 볼 수 있다. 2세기 초로 볼 수 있는 소량의 비문들이 있다. 그러나 대부분의 미트라스 본문들은 AD 140년

이후에 나타난다. 미트라스교에 대한 증거로서 우리가 가진 것의 대부분은 AD 2세기와 3세기 그리고 4세기의 것이다. 이것은 미트라스교가 초기 기독교의 시작에 영향을 미쳤다는 이론이 기본적으로 잘못되었다는 사실을 지적해 주는 것이다.[71]

야마우치의 논점은 미트라스가 기독교 발생에 영향을 끼치기에는 시간상 너무나 큰 차이가 난다는 것이다. 거의 모든 기독교와 미트라스의 유사점들은 AD 2세기로부터 4세기 사이의 증거물들을 근거로 한다. 그러나 기독교의 정경인 신약성경은 이미 AD 1세기 이내에 기록되었으며, 아주 초기부터 명확한 기독교 신앙의 내용들을 가지고 있었다.

바로 이러한 역사적 사실 때문에, 이미 1974년에 이란계 학자들로 구성된 미트라 연구학회(the Society for Mithraic Studies)에서는 기독교 신앙이 미트라스교를 비롯한 다른 신비종교들로부터 빌려왔다는 것은 전혀 근거없는 주장임을 밝혔다. 미트라 연구학회에서 발간한 학술지, 미트라스(Mithras)에서 밝힌 내용은 다음과 같다.

> 기독교가 전적으로 미트라교와 다른 신비종교에서 그 내용을 빌려왔다는 것을 발견하고자 했던 역사가들의 열병은 이제 죽었다.[72]

이것은 기독교가 미트라스의 영향을 받지 않았음을 밝혀주는 학술적 증언이다. 그러므로 기독교와 미트라스를 연구한 수많은 학자들은 그 시기상의 문제 때문에 기독교가 미트라스교로부터 그 교리를 빌려왔다는 것은 매우 잘못된 주장이라고 일축하고 있는 것이다.

따라서 기독교와 미트라스의 유사점은 배타적인 기독교가 빌린 것이 아니라, 혼합적인 성향이 강한 미트라스가 점차적으로 기독교 신앙을 모방하였다고 볼 수 있다.

d. 기독교가 신비종교들을 모방한 것은 4세기 이후부터이다.

기독교가 신비종교를 모방한 것이 있다. 그러나 그것은 기독교가 시작할 때가 아니라, 기독교가 이미 충분히 성숙된 이후에 발생한 일이다. 예를 들어, 프리크와 갠디가 말하는 예수 탄생일이 12월 25일로서 미트라스의 탄생 축제일을 모방하였다고 주장하는 것은 타당하다. 그러나 초기의 그리스도인들이 처음부터 12월 25일을 예수의 탄생일로 기념하였던 것은 아니다. AD 1세기 내에 기록된 신약 성경 그 어디에도 예수의 탄생일이 12월 25일이라고 밝힌 데는 단 한 곳도 찾아볼 수 없다.[73]

학자들의 견해에 의하면, AD 336년에 로마의 황제 콘스탄티누스가 12월 25일을 그리스도의 탄생일로 승인하고 선포하였다고 한다. 원래 이날은 아우레리안(Aurelian) 황제가 '정복할 수 없는 태양'으로 불리는 솔 인빅투스(Sol Invictus) 신에게 그의 성전을 헌납할 때 선택한 날짜이다. 또한 AD 3세기 말에는 미트라스는 로마의 공식적인 신, 솔 인빅투스가 되었다.[74] 그런데 콘스탄티누스 황제가 기독교로 개종하기 전에 솔 인빅투스 신을 섬겼다. 그래서 그 황제가 기독교인이 된 이후에 이방신의 축제일인 12월 25일을 그리스도 탄생의 축제일로 삼았던 것이다.[75] 이처럼 기독교가 이방종교를 모방한 사례는 존재한다. 그러나 이렇게 기

독교가 이방종교를 모방한 것은 AD 4세기까지는 공식적으로 일어나지 않았다.[76]

이에서 보듯이 기독교가 신비종교들로부터 그 핵심 교리를 빌려왔다고 말 할 수 없다. 기독교가 다른 종교로부터 여러 가지 의식들을 차용하였을 경우는 기독교가 시작된 후로부터 몇 백 년의 세월이 흐른 후에 일어난 현상이다.[77] 그러므로 그러한 차용들은 초기 그리스도인의 복음 선포와 기독교의 핵심 교리와는 전혀 상관없는 부차적인 것들이다고 볼 수 있다.

정리하면, 기독교가 발생할 당시에 여러 신비종교들이 여러 지역에서 다양한 형태로 존재하였고 퍼져있었던 것은 사실이다. 그 신비 종교들은 모호하였고, 비밀스러웠으며, 지역적 특성을 기반으로 하였다. 그들은 기독교처럼 인류의 죄를 대속하기 위해서 실제로 죽고 다시 부활하는 신인의 신화를 가지고 있지 않았다. 그런데 예수의 죽음과 부활 이후에 수많은 증인들에 의해서 시작된 기독교는 로마 지역에 급속도록 확산되었다. 이렇게 기독교가 급성장하여 세상에 알려진 후, 오히려 혼합적 성향이 강한 많은 신비종교들은 기독교 신앙을 모방하기 시작한 것으로 생각해 볼 수 있다. 특히 AD 3-4세기는 신비종교들이 기독교를 모방하는 흔적이 두드러지게 나타나게 된다. 따라서 이러한 근거들을 미루어 보아, 기독교의 발생은 신비종교와 상관없이 예수의 죽음과 부활이라는 역사적 사건을 토대로 독특한 배타성과 함께 나타나게 되었던 것이다.

4. 미트라스(Mithras)와 예수(Jesus)는 다르다.

일반 대중 작가들은 미트라스와 예수가 매우 닮았다고 주장한다. 여기서 간략히 미트라스와 예수의 차이점에 대해서 살펴보도록 하겠다.

첫째, 어떤 사람들은 미트라스가 동정녀에서 태어났다고 주장한다. 그러나 이것은 사실이 아니다. 미트라스는 가장 오래된 고대 신화들 속에서 동정녀 탄생으로 여겨지지 않았다. 오히려 그는 동굴 안에서 바위로부터 자발적으로 나왔다.[78] 정말로 미트라스가 바위에서 태어났는가? 이 질문에 대해서 고대 신화 전문가인 야마우치는 이렇게 대답한다. "그렇다. 바위에서 태어났다는 것이 미트라스적인 강조들에서 일반적으로 묘사되는 것이다."[79] 그는 다음과 같이 자세하게 설명한다. "미트라스는 충분히 성장한 상태에서 나체로 나왔다. 그는 단도와 횃불을 들고 있었다. 어떤 다른 전통에 의하면, 그 바위로부터 불꽃이 튀어나왔거나 또는 그의 손에 공을 들고 있었다고 한다."[80] 이처럼, 미트라스가 동정녀에서 태어났다는 것은 역사적으로 근거없는 주장이다. 특히 미트라스는 동굴에서 태어났다고 하지만, 신약 성경에서 예수는 마굿간에서 태어났다. 예수는 동굴에서 태어나지 않았다. 그래서 미트라스와 예수의 출생은 다르다.

둘째, 어떤 대중작가들은 미트라스가 죽었다가 다시 부활하였다고 주장한다. 그러나 미트라스는 죽음을 경험하지 않는다. 골든(Gordon)은 미트라스에 대하여 깊이 있게 연구한 후 말하기를, "미트라스는 죽음이 없다"고 결론지었다.[81] 따라서 미트라스는 다른 신비 종교들의 신들처럼 불행한 운명을 경험하지 않는 유일한 신이다. 그래서 미트라적인 입회식의 시나리오는 죽음과 부활을 상징하는 고통 체험이 포함되어 있지 않다고 한다.[82] 그러므로, 야마우치는 "미트라스의 죽음과 부활을 지지하는 근거는 없다"고 결론 내린다.[83] 미트라스는 예수의 생애에서 보는 것처럼 죽어서 부활하는 신이 아니다.

셋째, 일반대중 작가들은 미트라스에게 12명의 제자들이 있었고, 세상의 평화를 위해서 자신을 희생한다고 하며, 선한 목자, 길, 진리, 생명, 로고스, 속죄자, 그리고 구원자로 여겼다고 주장한다. 그러나 야마우치를 비롯한 학자들은 예수께 나타나는 이러한 특성들은 기독교 신학을 미트라스에 적용한 결과라는 것이다. 다시 말해서, 미트라스는 선생이 아니라 하나의 신이었고, 미트라스는 자신을 희생하지 않으며, 오히려 황소를 죽였다고 한다. 예수에게서 나타나는 특성들은 원래 미트라스에서는 찾아 볼 수 없다. 오직 기독교의 신학적 용어들을 억지로 미트라스에 적용할 때만이 가능한 것이라고 한다.[84]

넷째, 미트라스교에서는 기독교의 성만찬과 비슷한 성

례전의 음식이 있었다고 한다. 이것은 기독교와 매우 유사한 점이다. 그러나 공동체적인 음식들은 거의 모든 종교 공동체들 속에서 발견되는 것이다. 기독교 변증가인 순교자 저스틴과 터툴리안은 AD 2세기에 주의 만찬과 미트라스의 식사에 서로 비슷한 점을 발견하였다. 그래서 그들은 미트라스의 만찬이 사탄적인 모방이라고 주장하였다. 사실 그들이 미트라스의 만찬을 언급한 것은 기독교가 발생한 후 오랜 세월이 지난 후의 일이다. 그래서 겉으로 보아서는 서로 비슷하게 보일 수도 있었다.

그런데 기독교와 미트라스의 만찬을 연구한 학자들은 그 둘의 기원이 동일하다거나 서로 직접적인 영향을 받았다고 보지 않는다. 미트라스의 만찬에 대하여 깊이 연구한 맨프레드 크라우스(Manfred Clauss)는 다음과 같이 미트라스의 만찬에 대하여 언급한다.

> 이 지상의 식사는 태양의 마차에 그들이 함께 오르기 전에 태양신과 함께 미트라스가 행하는 그의 승리의 축제를 의식적으로 재생하는 것이다. 그 의식적 식사

는 아마도 정기적인 공동 식사의 한 요소일 것이다. 그러한 식사들은 종교적 연합체들의 본질적인 부분 중의 하나인 것이다. 함께 먹고 마시는 것은 공동체를 창조하고, 같은 그룹의 일원으로 그 공동체 회원이 되는 것을 눈으로 보여주게 된다.[85]

이러한 의미에서 행해지는 미트라스의 성만찬은 표면적으로 비슷하게 보이지만, 내용상 서로 다르다고 할 수 있다. 미트라스와 기독교의 관계를 연구한 게리 리스(Gary Lease)는 기독교와 미트라스의 성찬이 실제로는 서로 상관이 없다는 점을 다음과 같이 언급한다.

> 기독교 공동식사의 기원이 미트라스교에서 발견된다는 이론을 지지하는 그 어떠한 자료라도 없다. 마찬가지로 미트라스의 성찬식을 기독교에서 빌려왔다는 자료들도 없다.[86]

기독교와 미트라스의 성찬의식이 서로 상관이 없다면,

그 둘의 기원은 과연 어디에서 찾을 수 있겠는가? 리스는 말하기를 기독교 성찬식은 "유월절 음식의 유대적 전통이 중심이며, 구체적으로는 예수의 마지막 행위에 대한 역사적 회상이다"고 한다.[87] 다시 말해서 예수는 유월절의 어린양으로서 많은 사람들의 죄를 사하기 위해서 자신을 스스로 죽이는 거룩한 희생을 상징하는 것이다. 그 반면에 미트라스의 식사는 "마즈딘(Mazdean, 즉 페르시아) 의식들에 그 기원을 두고 있다"[88]고 한다. 그래서 그는 결론짓기를, "기원이나 직접적인 영향력이라는 관점에서 그 두 사건들을 함께 연결시킬 필요는 없다."고 주장한다.[89]

이러한 학자들의 연구 결과들을 참조해 볼 때, 겉으로 보기에는 서로 비슷한 성찬 의식일지라도 그 내용이나 기원은 서로 다르다. 따라서 그 두 공동체들의 공동식사는 그 기원에 있어서 서로 직접적인 관련이 없다고 밝혀졌다.

정리하면, 미트라스와 예수는 서로 실질적으로 관련된 것은 없다. 미트라스는 예수처럼 실제로 역사 속에서 사람들에게 가르침을 베풀다가 종교 지도자들의 모함을 받아서 십자가에 달려 죽고 다시 부활한 신이 아니다. 비록 미트라스교와 기독교가 AD 2세기 이후부터 서로 경쟁자가 되었고, 때때로 미트라 신전이 기독교 예배당 바로 옆에 위치하기도 하였지만, 미트라스가 기독교의 발생에 어떠한 영향을 끼쳤다고는 볼 수 없다.[90] 아마우치는 미트라스종교와 기독교의 관계에 대하여 다음과 같이 명확하게 밝혀준다.

> 미트라스교가 AD 1세기 기독교에 영향을 끼쳤다는 증거는 없다. 미트라스교를 받아들이는 것과는 거리가 멀게도, 순교자 저스틴에서 부터 터툴리안에 이르기까지 교회의 교부들은 미트라스교를 사탄적인 모방이라고 공공연하게 비방하였다. 어떤 학자들은 기독교가 의도적이건 비의도적인건 간에 후대에 작은 실천 사항들은 빌려왔다고 주장한다. 이것은 사실일 수 있다. 그러나 이것은 기독교의 근본적인 믿음들에 대해서 그 어떠한 영향을 주지는 못하였다.[91]

따라서 기독교 신앙의 발생은 미트라스교와는 전혀 상관이 없다.[92]

3
예수는 신화다는 인위적 조작이다!

03
예수는 신화다는 인위적인 조작이다!

프리크와 갠디가 쓴 『예수는 신화다』는 한국의 안티기독교를 주장하는 사람들에 의해서 매우 큰 호응을 얻었다. 사실 그 내용이 사실이라면, 그것은 과히 충격적이다. 이렇게 충격적인 내용이 동기가 되어 한 때 기독교 신앙인이었던 어느 방송국 PD가 신화적 예수를 올바로 알리기 위해서, 'SBS 대기획, 신의 길 인간의 길'이라는 다큐멘트리를 만들게 되었다고 한다.

그렇다면 지금까지 살펴본 지식을 토대로 하여, 프리

크와 갠디의 논지를 분석하면 어떤 결과를 볼 수 있겠는가? 지금까지 살펴본 증거들은 그들의 주장이 조작된 허위라는 것을 우리들에게 명확히 알려준다. 이제 간략하게 그들의 주요 논점들을 다시 한 번 분석하고 평가해 보도록 하겠다.

1. 프리크와 갠디의 조작된 허위 진술

프리크와 갠디는 『예수는 신화다』라는 책을 통하여 다음과 같이 기독교와 신비종교들의 유사점들을 제시하였다.

1) 오시리스-디오니소스는 육체를 가진 신이며, 구세주이고, '하나님God의 아들'이다.
2) 그의 아버지는 하나님이며 어머니는 인간 처녀(동정녀)이다.
3) 그는 3명의 양치기가 찾아오기 전인 12월 25일에, 동굴이나 누추한 외양간에서 태어난다.
4) 그는 신도들에게 세례 의식을 통해 다시 태어날 기회를 준다.
5) 그는 결혼식장에서 물을 술로 바꾸는 기적을 행한다.
6) 그가 나귀를 타고 입성할 때 사람들은 종려나무 가

지를 흔들고 찬송하며 그를 맞이한다.

7) 죽은 지 사흘 만에 부활해서 영광되어 하늘로 올라간다.

8) 신도들은 최후의 날 심판자로 그가 다시 돌아오기를 기다린다.

9) 그의 죽음과 부활은 그의 몸과 피를 상징하는 빵과 포도주 의식으로 기념된다.[93] (숫자 표시 필자 첨가)

저자들은 위의 놀라운 유사점들을 제시한 후에 "이처럼 너무나도 흡사하다는 사실을 우리는 왜 전혀 몰랐던 것일까?"[94] 라고 스스로 감탄하였다.

2. 조작된 허위 진술에 대한 평가

위에서 프리크와 갠디가 언급한 '오시리스-디오니소스'라는 신비 종교는 과연 어디에 있었는가? 기독교가 발생하기 이전에 지구상 그 어느 곳에서도 그러한 신비 종교는 존재하지 않았다. 다시 말해서, 프리크와 갠디는 실제로 존재하지도 않았던 가상의 신비종교를 만들어 내었고, 그 조작된 신비 종교를 기독교적인 관점에서 비교하고 해석하였던 것이다.

자 이제부터 간략하게 구체적 사항을 하나씩 확인해 보겠다. 중요한 점은 기독교가 발생한 AD 1세기 이전에 이런 요소들을 갖춘 신비 종교가 존재하였는가를 확인해야만 하는 것이다.

* **허위 주장 1)** "오시리스-디오니소스는 육체를 가진 신이며, 구세주이고, '하나님(God)의 아들'이다." 지금까지 우리가 살펴본 신비종교의 신들 중에서 과연 어느 신비종교의 신들이 육체를 가졌고 구세주이고 하나님의 아들로 불려졌는가? 이집트의 오시리스, 그리스의 디오니소스, 소아시아 지역의 아티스, 페르시아 지역의 미트라스, 그리고 알렉산드리아의 세라피스 등 이들 중에서 그 어느 신도 이런 조건을 갖춘 신들은 없었다. 신비종교들의 신들은 반신반인이다. 그러나 예수는 완전한 인간으로서 역사 속에서 활동하였으며, 또한 그는 완전한 하나님으로 고백되고 경배되었

다. 신비종교의 신들 중에서 어느 신이 완전한 인간과 완전한 하나님으로 고백되었는가?

물론 로마의 황제 아우구스투스는 '신의 아들'이라는 칭호로 불렸다. 아우구스투스는 절대 권력을 가졌기에 신의 아들이라고 불릴만한 충분한 이유가 있었다. 사실 아우구스투스는 그의 사후에 원로원에 의해서 '아우구스투스 신'(God Augustus)으로 선포되었다.[95]

그러나 아우구스투스 황제 때문에 기독교가 발생하였다고 보기에는 너무나 터무니없다. 그 당시 절대 권력을 가졌던 황제인 아우구스투스와는 달리 예수는 나사렛, 시골의 출신이었다. 사실상 예수에게는 신의 아들로 불릴만한 권력이 전혀 없었다. 이러한 점들을 고려해 볼 때, 역사 속의 예수는 가상적인 '오시리스-디오니소스' 신화의 영향을 받았다고 볼 근거가 없다. 프리크와 갠디의 주장은 믿을 만한 합당한 근거를 제시할 수 없다.

* **허위 주장 2)** "그의 아버지는 하나님이며 어머니는

인간 처녀(동정녀)이다." 위에서 언급된 고대 신비종교의 신들 중에서 과연 어느 신들이 아버지는 하나님이고 어머니는 인간 동정녀 사이에서 태어났는가? 일반적으로 사람들은 희랍신화에 등장하는 신들의 탄생과 기독교의 동정녀 탄생 사이의 뚜렷한 차이점들을 인식하지 못한 채 그 둘을 동일한 것으로 취급한다. 희랍신화의 신들의 탄생과 예수의 동정녀 탄생은 동일하지 않다. 일반 신화들에서 볼 수 있는 동정녀 탄생은 인간으로 변장한 신적인 존재가 인간인 여자와 육체적인 접촉을 통하여 생명을 태어나게 한다. 이것은 반신반인의 신적인 존재와 처녀 사이에서 일종의 성적인 관계를 맺음으로써 생명을 탄생하게 하는 것이다.[96]

그러나 성경에 나타난 예수의 동정녀 탄생은 성적 접촉에 의해 태어난 것이 아니다. 예수는 성령의 능력에 의해서 마리아의 태에서 탄생하게 된다. 예수는 처녀에게서 태어났지만, 어떤 남자의 씨 또는 어떤 신의 씨에 의해서 태어난 것이 아니다.[97] 예수의 동정녀 탄생은 온전한 하나님이 처녀의 몸을 빌어서 이 세상에 들어온 것을 말한다. 따라서 이것은 희랍신화에 나오듯이, 의인화된 신들이 인간 여자에게 욕정을 품고 인간에게 내려와서 육체적 관계를 맺어 아기를 갖는 것과는 다른 것이다.

뿐만 아니라, 신화적 이야기들은 누가 언제 어디서라는 역사성을 가지고 있지 않다. 그러나 예수의 동정녀 탄생은 매우 명확한 역사성은 보여주고 있다. 이러한 점들을 통해서 볼 때, 희랍 신화들은 예수의 동정녀 탄생과는 전혀 다른 것이라고 평가할 수 있다.

이제 좀 더 구체적인 사례들을 생각해 보자. 어떤 사람들은 포도주의 신이며, 바카스(Bacchus)로도 알려진 '디오니소스'(Dionysus)가 동정녀 탄생의 산물이라고 주장한다. 그러나 이것은 사실이 아니다. 디오니소스가 동정녀에서 탄생하였다는 주장의 증거는 존재하지 않는다. 예를 들어, 인간으로 변장한 제우스(Zeus)는 세메레(Semele) 공주와 사랑에 빠진다. 세메레 공주는 가드무스의 딸이다. 그녀는 임신을 한다. 그런데 제우스의 왕비인 헤라(Hera)가 이를 시기하여 세메레를 바싹 태워버리려고 작정하였다. 그러나 제

우스는 그 태아를 구해내서, 디오니소스가 태어날 때까지 그의 넓적다리 속에 집어넣는다.[98]

그래서 이것은 그 어떠한 관점에서도 동정녀 탄생으로 볼 수 없다. 게다가 학자들에 의하면, 디오니소스의 처녀 탄생에 관련된 이야기들은 오직 기독교 발생 이후에 등장한다고 말한다. 예수 이후에 몇 세기가 흐른 후에 디오니소스 처녀 탄생 이야기를 발견할 수 있다고 한다. 따라서 이것은 예수의 동정녀 탄생에 그 어떠한 영향력도 행사할 수 없었다고 보는 것이 타당하다.

희랍 신화 중에 페르시우스(Perseus) 신화가 있다. 이 신화는 다음과 같다. 애크리시우스(Acrisius) 왕은 그의 딸, 다내(Danae)를 아무도 들어갈 수 없는 탑 속에 가두어 두었다. 그런데 제우스가 그녀의 아름다움에 반하였다. 그래서 제우스는 황금의 샤워를 통하여 그녀에게 다가갔다. 그래서 그녀는 임신하게 되었다. 바로 이렇게 태어나게 된 아이가 희랍 영웅 페르시우스이다.[99] 이 신화 역시 제우스 신이 인간 처녀에게 욕정을 품고, 접근하여 일종의 성적인 결합으로 페르시우스가 태어나게 되는 것이다. 따라서 이 신화도 제우스 신과 인간이 어떠한 육체적 관계를 맺은 결과임을 잘 나타내고 있다. 이런 것은 엄밀히 말해서 동정녀에게서 태어난 것이라고 말할 수 없다. 그러나 예수의 동정녀 탄생은 이러한 성적인 결합을 말하고 있지 않는다.

뿐만 아니라, 헤라크레스(Heracles)도 그의 어머니인 알메네(Alcmene)와 제우스 사이에서 육체적인 관계를 통하여 태어나게 된다. 알메네의 남편이 없는 틈을 타서 제우스는 그녀의 남편의 모습으로 변장하고서 그녀에게 다가간다. 그 결과 그녀는 헤라크레스를 임신하게 된다.[100]

이처럼 희랍신화에서는 신이 인간처럼 성적인 욕망을 가지고 있다. 그래서 신들은 자신의 육욕을 채우기 위하여 인간 여자에게 다가가서 일종의 성적인 관계를 맺음으로써 생명을 탄생하게 하는 것이다. 이것은 남녀간의 사랑의 관계를 맺음으로 아기가 태어나는 것과 별 차이가 없다.

그러나 예수의 동정녀 탄생은 하나님의 능력으로 하나님이신 예수님이 인간 처녀의 몸을 빌려서 인간의 몸으로 태어나는 것을 말하고 있다. 즉, 예수의 동정녀 탄생은 그 어떠한 성적인 접촉도 없이 처녀 마리아의 태를 통하여 하나님이 인간의 몸으로 이 세상에 태어난 사건을 말하는 것이다. 이것은 희랍 신화들에 기반을 둔 것이 아니라, 구약성경 이사야와 미가의 예언을 성취한 것으로 보아야 한다. 따라서 예수의 처녀 탄생과 희랍신화의 처녀 탄생은 전혀 다른 것이다.

이같이 예수의 동정녀 탄생은 희랍신화나 고대 신비종교들의 신화에 뿌리를 두고 있다는 것은 매우 잘못된 주장임을 명확히 알 수 있다. 기독교 발생 이전에 고대 신비종교들 중에서 예수의 동정녀 탄생과 동일한 신화는 전혀 찾아 볼 수 없다.

* **허위 주장 3)** "그는 3명의 양치기가 찾아오기 전인 12월 25일에, 동굴이나 누추한 외양간에서 태어난다." 프리크와 갠디스 '오시리스-디오니소스' 신화도 예수 탄생 이야기처럼 양치기가 찾아오고, 12월 25일에 동굴이나 외양간에

서 태어난다고 주장하였다. 그런데 이것은 매우 근거없는 주장이다.

왜냐하면 첫째, 기독교 발생이전의 신화들 중에서 신약 성경 이야기처럼 그 신의 탄생을 축하하기 위해 양치기가 찾아왔으며, 그 신이 누추한 외양간에서 태어난 신화에서 온 것이 있다면 한 번 밝혀보라. 그 근거를 찾을 수 없을 것이다. 어떤 사람들은 미트라스가 예수처럼 동굴에서 태어났다고 주장한다. 그러나 사실은 미트라스는 동굴에서 태어난 것이 아니라 바위에서 태어났다.[101] 또한 예수는 동굴에서 태어난 것이 아니라 마굿간에서 태어났다는 것이 신약성경의 기록이다. 그리고 미트라스가 바위에서 태어났을 때 목동들이 선물을 가져왔다고 한다.[102] 그러나 미트라스의 이 기록은 기독교가 발생하기 이전에는 전혀 찾아볼 수 없는 기록이다. 오직 기독교가 발생한 후 오랜 세월이 흘렀을 때 발견할 수 있는 기록이다. 따라서 그들의 주장은 잘못된 것이다.

둘째, 초기 그리스도인들은 12월 25일을 예수 탄생일로 지키지 않았다. 그것은 기독교를 수용한 콘스탄티누스 황제가 AD 336년경에 태양신의 축제인 12월 25일을 그리스도의 탄생일로 승인한 것으로 추정된다. 그래서 예수 탄생일이 12월 25일이라는 것은 예수 탄생 후 약 300년 이상 흐른 시기에 발생한 현상이다. 따라서 이러한 점은 프리크와 갠디가 기독교와 신비종교를 억지로 꿰맞추고 있다는 증거가 되는 것이다.

  * **허위 주장 4)** "그는 신도들에게 세례 의식을 통해 다시 태어날 기회를 준다." 고대 신비종교들은 각 지역의 종교들마다 신비스럽고 비밀스런 종교의식을 가지고 있었다. 그런데 문제는 각 지역에서 다양하게 행해진 신비종교들의 입문식과 의식, 그리고 그 구체적인 교리의 내용들에 대해서 오늘날 우리가 잘 알 수 없다는 것이다. 이 사실에 대하여 신약학자 그레고리 라일리(Gregory J. Riley)는 다음과 같이 밝히고 있다.

  신비종교들의 핵심에 있어서 실제적인 교리들은 모든

사람들에게 감추어졌고, 오직 입문자에게만 알려졌다. 그러한 비밀유지는 매우 성공적이라서 오늘날 우리들도 그들이 가르친 바에 대해서 거의 아는바가 없다.[103]

우리는 신비종교들의 입문식이 구체적으로 어떠했는지에 대해서 알 수 없다. 그 공동체의 구성원들이 모든 의식들에 대한 비밀을 철저히 지켰기 때문이다. 단지 그 공동체의 신화에 대한 이야기가 외부로 알려진 것은 국외 사람에 의해서 이루어졌으며,[104] 대부분 후대의 자료들이 많다.

따라서, 우리는 기독교의 세례의식과 동일한 방식과 같은 의미에서, 다른 신비종교들도 동일하게 세례식을 거행하고 있었는지에 대해 판단할 수 있는 객관적 자료들이 매우 부족하다. 기독교의 세례의식은 공개적으로 행해지고 있었고, 교회 공동체 안으로 들어오고자 하는 자는 누구나 참여할 수 있는 의식이었다. 그러나 신비종교의 입문식은 그 구체적인 방법과 내용들을 알 수 없을 뿐만 아니라, 소수의 특권층만 그 의식에 참여할 수 있었다.

이 사실에 대하여 퀴스트는 다음과 같이 밝히고 있다.

"이시스 신비 의식의 입문식은 소수의 특권을 받은 사람들, 즉 입문식에 드는 엄청난 비용을 지불할 수 있는 사람들에게만 허락되었다. 이것은 다른 신비 의식들에게도 적용되는 사실이다."[105]

뿐만 아니라, 두 가지 알려진 신비종교들의 입문식은 기독교의 세례의식과 매우 다르다. 예를 들어, 이시스의 입문의식에 참여하려면 단계들을 거쳐야 하는데, 각 단계에서는 '실증,' '실행,' '서약'이 포함된다. 그 의식의 "첫 단계는 제사인데, 주로 아테네에 있는 엘레우시니온에서 거행되었다. 입문자는 제사를 드리기 전에 바다에서 새끼 돼지와 함께 목욕을 했다."[106] 또 다른 하나의 입문식은 디오니소스라고도 불리는 바카스 신비종교이다. 로마의 역사가 리비(Livy)의 기록에 의하면, 바카스 신비종교는 비밀스런 의식을 가지고 있었는데, 그 종교의 남녀 입문자들은 정결한 물로 몸을 씻는 것을 포함하고 있다고 한다.[107]

이처럼 기독교가 발생하기 이전에 각 신비종교들에서 기독교과 동일한 방식과 의미로서 세례의식을 거행하고 있었는지에 대해서 긍정적으로 말 할 수 없다. 물론 어떤 신비종교들은 물로써 몸을 씻는 의식을 행하고 있었다. 그러나 물로 몸을 씻는다는 것은 어느 문화에서나 정결함을 의미하고, 정결의식을 행하기 위해서 물을 몸에 부을 수 있다. 그러나 프리크와 갠디가 주장하는 것처럼, 기독교 이전에, 기독교와 동일한 의미로 세례의식을 거행한 신비종교가 있었다는 증거를 보여주지 못하고 있다.

기독교 이전의 신비종교들은 주로 농사를 기반으로 하여 자연의 순환적인 역사관을 가지고 있었다. 예를 들어, 식물의 파종, 성장, 죽음, 그리고 갱생이라는 계속되는 자연의 순환을 배경으로 하고 있기 때문에 그들의 신비 의식을 통하여 '갱생'(rebirth)을 경험하는 것을 추구하기도 하였다. 그러나 이러한 자연의 순환적 주기를 기반으로 하는 갱생은 기독교의 세례를 통한 '거듭남'(regeneration)의 개념과는 전혀 다르다. 신비종교의 갱생(rebirth)과 구원에 대하여 퍼거슨(Ferguson)은 다음과 같이 말하고 있다.

갱생의 개념은 구체적으로 도덕적으로 새롭게 됨과 연결되지 않는다. 그 신비종교에서 구원이 가져오는 것은 비운과 내세에 대한 두려움으로부터 구출을 말한다. 그것은 죄로부터의 구속이 아니다.[108]

그러나 기독교의 세례의식은 단순히 정결함만을 의미하는 것이 아니라, 죄에 대한 회개와 죄 씻음, 그리고 예수의 죽음에 동참하고 그의 부활과 함께 새 생명을 얻고 새로운 삶을 살게 되는 실제적인 변화를 의미한다. 바로 이러한 의미로서 물 침례를 행한 신비 종교들은 찾아 볼 수 없다. 기독교의 세례의식은 기독교 발생이전의 신비종교의 영향을 받았다기 보다는, 유대교의 정결의식과 침례자 요한의 침례의식에 매우 밀접한 관계를 가진다고 볼 수 있다.

기독교와 신비종교의 세례 의식이 비슷하다는 점을 강조하는 사람들은 미트라스교의 세례의식과 기독교의 세례의식 사이의 유사점을 강조한다. 그러나 미트라스교에 대한 기록은 대부분 AD 2세기 이후부터 AD 3-4세기의 기록들에 의존하기 때문에 그 유사점을 미트라스교가 기독교의 세례 의식에 영향을 끼쳤다는 근거로 삼을 수 없다.

또한 어떤 학자들은 순교자 저스틴과 교부 터툴리안의 기록들에서 이방 종교에서도 세례의식을 행하고 있었다는 기록을 근거로 하여, 기독교와 이방 신비종교들의 유사성을 강조한다. 그러나 이 문제에서 주의해야 할 사실은 이들의 기록은 이미 기독교가 발생한 후 최소한 120년에서 200년의 시기가 지난 후에 일어난 상황을 묘사하고 있다는 사실을 간과해서는 안된다. AD 2-3세기 당시에는 신비종교들의 활동이 매우 활발하였고, 신비종교들의 특성상 혼합주의적 성향을 강하게 내보였다는 것을 고려해야만 한다. 따라서 후대의 유사점을 근거로 하여, 기독교가 신비종교들의 세례를 모방하였다고 말하는 것은 이치에 맞지 않다. 오히려 그 반대의 가능성이 더 높기 때문이다.

기독교의 세례는 구약성경과 유대교 그리고 세례 요한의 계통을 이어와서 예수의 실제적 죽음과 부활에 동참하는 의미로 표현하였다고 보는 것이 더욱 더 온당하다. 따라서 프리크와 갠디의 이 주장도 매우 과장되었다고 볼 수 있다.

* **허위 주장 5)** "그는 결혼식장에서 물을 술로 바꾸는 기적을 행한다." 고대 신비종교의 신들 중에서 포도주의 신은 디오니소스이다. 고대 사람들은 디오니소스의 축제 행사를 치르면서 한 쪽에서는 물을 흐르게 하였다가, 잠시 후 그 물길을 막고선 실제 포도주를 내보내면서 디오니소스 신의 축제를 즐겼다.

　요한복음 2장에서 예수가 가나의 혼인 잔치에서 항아리에 채워진 물을 포도주로 만드는 표적을 행한다. 이와 아주 흡사하게 디오니소스가 항아리에 포도주를 가득차게 하는 기적을 행하는 기록이 나온다. 그 기록은 다음과 같다. "다음날 아침 디오니소스 사제들이 보니, 비어있던 항아리에 포도주가 가득 차 있었다."[109] 이 디오니소스의 기적은 참으로 예수가 가나 혼인잔치에서 베푼 기적과 너무나 흡사하다.

　그런데 문제는 디오니소스가 항아리에 포도주로 가득 채우는 기적은 AD 160년경의 기록이다. 이것은 AD 90년 이전에 쓰여진 요한복음의 기록보다 두 세대가 훨씬 넘은 시기로, 기독교가 널리 퍼져 있었던 시기에 쓰여진 기록이다. 그래서 후대의 기록으로 요한복음이 디오니소스를 정확하게 모방하였다고 말할 수는 없다.

물론 디오니소스는 포도주의 신이기 때문에 사람들은 그 신의 축제 기간에 포도주를 마시며 여러 가지 제의 의식을 행하였다. 그런데 로마 지역에 널리 퍼진 이 디오니소스는 고대로부터 동일한 형태로 나타나는 것이 아니라 때로는 어린 아이로, 어떤 때는 청년으로, 다른 때는 노인으로 변모되어 그 모습을 드러냈다. 그래서 그의 형태는 다양햇으며 각 지역에 따라 그 모양이 달리 나타났다.

이러한 다양한 모습의 디오니소스 신화를 근간으로 하는 디오니소스 신비종교도 각 지역마다 다양한 형태의 제의가 있었고 축제도 다양하게 이루어 졌다. 그래서 실제적으로 디오니소스의 모습과 그 제의의 형태가 무엇이라고 단정하기가 어렵다. 쾨스트는 "디오니소스는 결코 동일하지 않았다"고 말한다.[110] 이와 같은 다양한 모습을 지닌 디오니소스 신비종교에 대하여 쾨스트는 다음과 같이 묘사한다.

디오니소스는 풍요의 신이요, 과일 특히 과수와 포도나무의 신이다. 그의 모습은 스승인 실레누스의 팔에 안긴 어린아이, 거의 여성의 특성을 지닌 청년, 또는 수염이 난 노인들 여러 형태로 표현된다. 그를 기리는 축제도 여러 형태이다. 즐겁게 포도주를 마시는 것, 염소나 황소를 제물로 드리고 커다란 남근의 형상을 들고 행진하는 것, 또는 한 겨울에 광란 상태의 여인들이 숲에 들어가서 야생 짐승의 생살을 먹는 것 등이 있다.[111]

그래서 이렇게 다양한 디오니소스의 축제는 소아시아에서는 사적인 종교의식이 아니라 사회의 공식적인 축제와 제의의 역할을 하기도 하였다.[112]

뿐만 아니라, 디오니소스는 매우 사적인 제의 의식도 행하여졌다. 예를 들어, 축제 기간 중에 여인들이 밤에 숲에서 동물의 고기를 피있는 채로 뜯어 먹었다. 디오니소스가 동물의 형태로 나타나고, 또한 포도주 속에도 나타난다고 믿었기 때문에, 살아있는 동물을 먹고 포도주를 마시는 것은 그 신과 일체가 되고 그 신의 능력을 받게 되는 것이라고

이해했다.[113]

　필자가 다양한 디오니소스 제의를 통해 지적하고자 하는 것은 두 가지이다. 첫째, 디오니소스 신비종교의 의식과 종교적 개념은 매우 혼합적이었기 때문에 그 혼합적이고 다양한 형태를 띠고 있었던 디오니소스 신비종교와 기독교는 현저한 차이를 보이고 있다는 것이다. 디오니소스는 그의 신화를 바탕으로 오랜 역사 속에서 계속적으로 혼합되어 왔지만, 기독교는 예수의 역사를 바탕으로 하여 처음부터 배타적이었다는 사실이다. 또한 그렇게 다양한 형태를 띠고 있는 디오니소스 신화와 예수의 죽음과 부활 사건 사이에 결정적으로 동일한 것은 없다.

　둘째, 디오니소스는 동물의 형태로 나타나기도 하고, 포도주에 자신을 나타내기도 하기 때문에 그 축제 기간에 사람들은 그 신과 연합하는 신비한 경험을 얻기 위해서 살아있는 동물을 피있는 채로 먹기도 하고, 포도주를 마시기도 하였다. 이러한 모습은 기독교의 신앙과 실질적인 유사점이 없다. 이러한 종교적 제의가 기독교 발생의 기원이 되었다고 볼 수 있는 합당한 근거가 없다.

정리하면, 두 종교 사이에 유사점들이 발견된다고 하더라도, 그 유사점들은 반드시 한 종교가 다른 종교에서 그 유사한 내용들을 빌려왔다는 점을 필연적으로 말해 주지 않는다. 다시 말해서, 두 종교 사이의 유사점은 반드시 어느 종교가 남의 것을 베꼈다는 것을 확증시켜 주지 못한다. 만약 두 종교의 유사점만을 가지고 일방적으로 모방한 것이라고 주장한다면, 이것은 다른 여러 가지 사상적 연관성, 역사적 연관성, 그리고 언어와 신학적 연관성 등을 종합적으로 검토하지 않은 논리의 비약이라고 말할 수 있다.

디오니소스는 포도주의 신이다. 그래서 사람들은 그의 축제 때 포도주를 마시며 여러 가지 축제를 즐겼다. 그러나 단순히 예수가 가나의 혼인잔치에서 물을 포도주로 변화 시킨 사건을 디오니소스의 신화와 비교하여 예수의 이야기는 디오니소스로부터 베꼈다고 주장하는 것은 합당하지 못하다. 왜냐하면, 디오니소스는 오랜 세월 속에서 여러 가지 이야기들이 만들어질 수 있지만, 그것은 역사적 인물에 대한 실질적인 사건을 말하는 것이 아니다. 그러나 예수는 역사적 실제 인물로 증거할 수 있는 역사적 인물이다.

단순히 디오니소스와 예수가 물로 포도주를 만들었다는 공통점이 있다고 해서 두 가지 사건을 동일하게 취급할 수 없다. 디오니소스의 기적은 단순히 신화에 불과하다. 그러나 예수의 기적은 역사적인 사실에 근거하고 있으며, 그 사건에 대한 목격자들이 존재한다. 그 사건은 예수가 하나님의 아들이심을 드러내는 여러 가지 기적 중에 하나인 것이다. 예수의 기적은 역사적 사실이다! 그러나 디오니소스 신화는 역사성을 주장할 수 없다. 따라서 이 문제로 예수의 역사성이 부인될 수는 없다.

* **허위주장 6)** "그가 나귀를 타고 입성할 때 사람들은 종려나무 가지를 흔들고 찬송하며 그를 맞이한다." 기독교 발생 이전에 과연 이러한 신화를 가진 고대 신비 종교들이 존재하였겠는가? 또한 예수의 예루살렘 입성과 동일한 의미로 행해진 사건이 신비종교에서 찾을 수 있는가? 프리트와 갠디

는 이 질문에 대한 합당한 답변을 제시할 수 없을 것이다.

사실 예수께서 예루살렘으로 입성했을 때 사람들이 종려나무 가지를 흔들고 '구원하여 주소서'라는 뜻을 지닌 '호산나'를 외치면서 환호하였다. 이 사건의 배경은 헬라의 신비종교에 뿌리를 두고 있는 것이 아니라, 유다 마카비우스(Judas Maccabaeus)의 혁명과 관계가 있다. 헬라의 통치자 안티오쿠스 에피파네스(Antiochus Epiphanes)가 예루살렘을 점령한 후 유일신을 섬기는 유대인들을 모욕하고자 하였다. 그래서 그는 제우스 신에게 바치는 돼지고기를 예루살렘 성전 제단에 바치고, 성전의 작은 방들을 매음굴로 만들어 버렸다.[114] 이에 분개한 유대인들이 유다 마카비우스를 중심으로 BC 164년에 봉기하여 예루살렘을 탈환하는데 성공하였다. 마카비 2서 10장에 의하면, 예루살렘을 되찾고 성전을 정결케 한 그들에게 감사하고 찬양하기 위해서 종려나무 가지를 들고 마카비우스 일행의 예루살렘 입성을 환영하였다고 한다.[115]

바로 이러한 역사적 배경 속에서, 예수께서 예루살렘

성전에 입성하였을 때, 수많은 군중들은 며칠 전에 죽었던 나사로를 살렸던 예수가 그의 초자연적인 능력으로 로마의 군대를 물리쳐 주기를 기대하면서 종료나무 가지를 흔들었던 것이다. 마태복음 21장 9절에 의하면, 사람들은 나뭇가지를 흔들고 예수를 환영하면서 "호산나, 다윗의 자손께! 복되시다, 주님의 이름으로 오시는 분! 더없이 높은 곳에서 호산나!"라고 외쳤다. 여기서 '호산나'는 '구원하여 주소서'라는 메시아적 희망을 표현한 말이다. 게다가 그 군중들은 '다윗의 자손'이라는 명칭을 함께 사용하였다. 그래서 그 군중들이 '호산나'와 '다윗의 자손'을 함께 붙여서 외쳤다는 것은 예수가 그들의 정치적 압박에서 해방시켜줄 정치적 메시야로 그들이 인식하고 있었다는 것을 말한다.[116]

이와 같이 예수의 예루살렘 입성시 군중들이 종려나무 가지를 들고 환영한 것은 유대인들의 실제적인 정치적 열망과 관련된 역사적 사건이다. 그래서 그 기록은 사복음서 전부 다 기록되어 있는 것이다(마 21:1-11; 막 11:1-11; 눅 19:28-28; 요 12:12-19). 이러한 역사적 정황 속에서 이루어진 역사적 사건을 예수 이전에 그 존재조차 명확히 알 수 없는 헬라적 신비종교에서 베껴온 것이라고 우길 수는 없다. 따라서 프리크와 갠디는 그들의 주장에 대한 합리적 근거를 제공해 준다고 볼 수 없다.

* **허위 주장 7)** "죽은 지 사흘 만에 부활해서 영광되어 하늘로 올라간다." 이 문제에 대해서 우리는 이미 앞에서 충분히 살펴보았다. 예수 이전에 고대 신비 종교들 가운데서 죄를 대속하기 위해서 죽었다가 사흘 만에 다시 살아나서 하늘로 올라간 신비 종교의 신화는 단 하나도 존재하지 않는다. 신비종교의 신들은 자신이 만든 피조물을 위해서 이 땅에 내려와서 그들의 죄를 대속하기 위해서 죽고 다시 부활하는 신이 아니다. 죽음과 부활에 관련된 이야기를 전하는 고대 신비종교들은 전부 다 식물의 생장주기(vegetation cycle)를 상징하는 것이었다. 다시 말해서 식물이 봄에 파종하여 성장하다가 가을에 죽고, 그 다음에 갱생하는 자연적 과정들을 상징하는 것이다. 따라서 고대 신비종교들의 신들은

실제로 죽었다가 부활하는 역사적 사건들과는 관련이 없다.

그러나 예수의 죽음과 부활과 같이 신이 실제로 죽고 다시 살아나는 신화의 경우는 기독교가 발생한 후 수 세대가 지난 후에 등장한 신화임을 앞에서 밝혔다. 이것은 예수의 죽음과 부활에 관한 이야기가 문서로 기록된 후에 오랜 세월이 지났을 때 나타나는 것이므로 그 신화들이 기독교 발생에 영향을 끼쳤다고 볼 근거는 전혀 없다. 따라서 그러한 후대 신화들을 근거로 예수의 죽음과 부활이 고대 신화에서 베낀 것이라고 주장하는 프리크와 갠디의 주장은 고의적으로 조작하였다고 보지 않을 수 없다.

* **허위 주장 8)** "신도들은 최후의 날 심판자로 그가 다시 돌아오기를 기다린다." 이 주장은 단순하게 말해서 근거 없는 주장이라고 단정할 수 있다. 예수 이전에 과연 어느 신비종교의 신이 최후의 날에 심판자로서 다시 온다고 말할 수 있겠는가? 미트라스교를 제외한 다른 신비종교들은 직선적 역사 개념이 아니라, 순환적 역사 개념을 가졌다. 다시

말해서 거의 모든 신비종교들은 해마다 생장주기 (vegetation cycle)를 가진다는 것이 특징이다.[117] 식물은 자라나고 성장하고 죽고 다시 시작하는 생명의 주기가 반복된다. 이와 같이 신비종교는 파종, 성장, 죽음, 그리고 새 생명이라는 자연적 순환의 역사개념을 가지고 있었다. 따라서 직선적 역사 개념에서나 찾아 볼 수 있는 최후의 심판은 순환적 역사 개념을 가진 거의 대부분의 신비 종교들에서는 찾아 볼 수 없는 것이다.

단지, 미트라스교의 역사 개념은 일직선적이다. 그러나 미트라스는 동정녀에게서 태어나는 것이 아니라, 바위에서 자발적으로 나왔고, 죽음의 고통을 경험하지 않았던 유일한 신이다. 따라서 예수처럼 죽었다가 다시 살아난 신이 아니다. 미트라스는 자신을 희생하지 않는 신이다. 이러한 신의 모습은 분명히 예수의 모습과는 확연한 차이를 보인다.

또한 미트라스교에 대한 특징은 AD 100년 전에는 그 구체적인 모습에 대한 근거를 발견할 수 없다. 따라서 기독교가 발생한 다음 오랜 세월이 흐른 후에 나타나는 특징들은 그 어떠한 것들이라도 기독교 발생의 원인으로 단정 지을 수 있는 논리적 근거가 매우 취약하다. 그러므로, 프리크와 갠디가 제시한 최후의 심판주로서의 신의 모습은 기독교 발생이전에 신비종교들에서는 발견할 수 없었던 사항이다. 따라서 그들의 주장은 허위라고 볼 수 있다.

* **허위 주장 9)** "그의 죽음과 부활은 그의 몸과 피를 상징하는 빵과 포도주 의식으로 기념된다." 프리크와 갠디는 기독교의 성례전처럼, 신비 종교들에서도 신의 죽음과 부활을 상징하는 빵과 포도주의 성례전이 있었다고 주장한다. 그러나 이것도 사실로 받아들이기 매우 힘들다. 그 이유는 다음과 같다.

첫째, 기독교 발생 이전에 고대 신비종교들의 신들 중에서 인간의 죄를 대속하기 위해 죽고 부활하는 신의 모습을 발견할 수 없다. 따라서 그 신들의 죽음과 부활이 실제로 없었다면, 그의 죽음을 상징하는 성례전이 있었다고 말할 근거가 상실되는 것이다.

둘째, AD 2세기 중반 이후에 미트라스교에서는 기독

교의 성만찬과 비슷한 성례전의 음식이 있었던 것으로 여겨진다. 그러나 앞에서 이미 살펴보았듯이 미트라스는 죽음을 경험하지 않는 유일한 신이다. 따라서 미트라스교의 성례전 의식은 그 신의 죽음과 부활을 상징한다고 볼 수 없다. 또한 기독교와 미트라스의 성례전 의식은 비슷하게 보이지만, 그 내용이나 그 의식의 기원은 각기 다르다는 사실에 대해서 앞에서 살펴보았다. 비슷하게 보이는 그 두 의식은 실질적으로는 서로 상관이 없는 것이다고 말할 수 있다.

　이렇게 조목 조목 따져보면, 프리크와 갠디의 주장은 매우 부당하다. 그들의 주장은 신비종교들의 종교적 요소들을 기독교 신앙에 끼어 맞추기 위해서 의도적으로 사실을 왜곡하였다고 볼 수 있다. 그들은 고대 신비종교들에 나오는 여러 가지 요소들을 의도적으로 합성하여 그 조작된 신의 모습이 바로 예수와 일치한다고 주장한다. 이것은 매우 잘못된 주장이며 진리를 왜곡 시키는 것이다. 그들은 정확한 학문적 근거도 결여되었으며, 결과적으로는 잘못된 주장을 하였다고 판단된다.

자! 우리가 지금까지 살펴본 지식을 근거로 하여, 『예수는 신화다』의 저자 프리크가 'SBS 신의 길 인간의 길'에서 인터뷰한 내용을 분석해 보라. 프리크는 그 프로그램 인터뷰에서 다음과 같이 말했다.

> 이 모든 이야기가 기독교가 생겨나기 수 천 년 전에 이미 고대에 존재했던 이야기들이에요. 그러므로 어떻게 그게 가능한가라는 질문에 직면하게 되는데, 이를 입증하는 대답은 아주 명백해요. 누군가 죽었다 부활하는 고대 신화 이야기를 유대인 배경으로 재구성한 것이에요. 피터 갠디와 내가 놀란 것은 오시리스, 디오니소스, 미트라스 같은 신화 속 요소들이 나중에는 유대 신화의 죽었다가 부활하는 신 이야기가 되었다는 것입니다. 조슈아, 그리스어로는 예수가 바로 그것입니다.[118]

이러한 그의 주장이 얼마나 설득력이 있다고 보여지는가? 앞에서 살펴본 내용을 근거로 생각해 볼 때, 그의 주장은 학문적 근거를 찾아 볼 수 없고, 증거의 정밀성이 결여된 상태에서 비슷하게 보이는 것을 조작하였다는 것을 알 수 있다.

　프리크와 갠디는 『예수는 신화다』라는 책을 통하여 '예수의 이야기는 역사적 전기가 아니라 고대 신화들을 베낀 것'이라고 주장하면서 다음과 같이 자랑스럽게 주장하였다.

　최근 수십 년 동안, 현대의 고전 학자들도 우리가 생각한 가능성들을 되풀이해서 지적해 왔다. 하지만 우리가 끌어낸 것과 같은 명백한 결론을 과감히 진술한 사람은 아무도 없었다. 왜냐하면 그것은 금기였기 때문이다.[119]

　사실, 프리크와 갠디의 주장대로, 19세기부터 현재에 이르기까지, 많은 학자들은 기독교가 서양 고대철학이나 헬라의 사상들 그리고 고대 신비종교들로부터 영향을 받았다는 학문적 주장은 계속되어오고 있다. 그런데 자유주의 학자들을 비롯해서 수많은 학자들이 기독교가 다른 사상의 영향을 받았을 가능성은 제기하면서도 프리크와 갠디와 같은 극단적인 주장은 자제하였다. 권위있는 학자들은 거의 모두 예수가 실제 역사적 인물이었다는 사실만은 부인하지 않았다.

그렇다면, 왜 그 권위있는 학자들은 프리크와 갠디의 주장처럼, 예수는 역사적인 인물이 아니며, 예수 신앙은 고대 신비종교들로부터 베껴온 허구적 인물이라는 극단적인 주장을 하지 않았겠는가? 그것이 과연 금기였기 때문인가?

그 학자들에게는 소위 금기라는 성역이 없었다. 성경이 하나님의 말씀이라는 권위를 인정하지 않고 일반 문학작품과 동일하게 취급하면서 연구에 몰두했던 학자들에게는 금기라고 여길 것이 없었다. 그런 그들이 왜 예수를 신화의 인물로 여기지 않았는가?

그 이유는 프리크와 갠디가 주장한 것처럼, 예수의 역사성을 부인할 수 없는 명백한 역사적 증거들이 충분하였기 때문이었다. 존 도미닉 크로산(John Dominic Crossan)을 비롯한 예수의 신성을 부인하는 급진주의 학자들도 예수의 역사성은 부인하지 않는다. 그 이유는 그것이 금기라서가 아니라, 학문적으로 뒷받침 할 수 있는 합당한 근거가 없었기 때문이다. 이런 면에서 프리크와 갠디의 극단적 주장은 합리적 학문성이 배재된 주장이다. 이러한 잘못된 도전에 대해서 내시(Nash)는 다음과 같이 명백하게 말한다.

> 대략 1890년에서 1940년까지, 학자들은 종종 원시 기독교는 플라톤 철학, 스토아 철학, 이방 신비주의 종교들, 그리고 헬라세계의 다른 운동들로부터 영향을 받았다고 주장하였다. 거기에 대한 반박으로 많은 학자적 책들과 논문들이 쓰여진 결과로 인하여, 초기 기독교가 헬라적 환경에 의존하였다는 주장들은 성경학자들과 고전학자들의 출판물에 점점 더 찾아보기 힘들어졌다. 오늘날 대부분의 성경학자들은 그 질문을 이미 사양된 주제라고 여긴다.[120]

이러한 내시의 주장에 의하면, 오늘날 적어도 학자들의 출판물엔 "예수는 신화다"와 같은 극단적인 주장은 찾아보기 힘들다고 볼 수 있다. 그 이유는 '금기'가 아니라 '학문성의 결여' 때문이라고 보는 것이 더 타당하다. 물론, 예수는 역사 속에 실제로 존재하였지만, 그는 하나님의 아들이 아니라, 단순히 인간일 뿐이라는 주장은 오늘날에도 여전히 제기되고 있다. 이것은 또 다시 숙고해 보아야만 하는 다른 영역의 문제이다.

그러나 최소한 프리크와 갠디가 주장한 '예수 이야기는 고대 신비종교들에서 베낀 것이다' 라는 주장은 전혀 설득력이 없다는 것이 명백하게 밝혀졌다.

4
예수가 **역사속의 실제 인물인 이유들**

04
예수가 **역사속의 실제 인물**인 이유들

『예수는 신화다』의 저자, 프리크와 갠디는 고대 신비종교의 신화들은 실제로 일어난 역사적 사실이 아니라고 한다. 그들은 다음과 같이 주장한다.

> 오시리스-디어니소스 신화가 문자 그대로 사실이라고 믿는 사람은 아무도 없다. 그렇다면 왜 우리는 유대인을 배경으로 한 똑 같은 사건을 역사적 사실로 받아들여야 하는가?[121]

그렇다! 오시리스-디오니소스 신화는 문자 그대로 역

사적 사실이 아니다! 그래서 그 누구도 그 신화들을 역사적 사실로 믿어온 사람들은 없다. 그 신화들은 역사적 상황 속에서 발생한 것이긴 하지만, 정확한 역사적 사실에 근거를 두고 있지 않았다. 그래서 그 신화적 사건에 대한 목격자들도 없다. 언제, 어디서, 어떻게 그 신화가 발생했는지에 대한 정확한 역사적 설명이 없다. 그들은 신화만 내세운다. 그래서 역사상 그 누구도 그 신화들이 문자 그대로 역사적 사실이라고 믿지 못하였다.

그러나 기독교는 다르다. 처음부터 기독교는 역사를 제시한다. 기독교는 예수가 언제 어디서 태어났으며, 무엇을 가르쳤고, 어떻게 죽고 부활했는가에 대한 역사적 증언과 설명을 제시한다. 누가복음을 기록한 의사 누가는 자신이 기록하는 예수 사건이 소설과 같이 아무런 근거없이 기록한 것이 아니라고 한다. 그는 예수의 역사적 사건에 대하여 매우 주의 깊게 살핀 후에 신중하게 기록하였다는 사실을 누가복음의 서두에서 다음과 같이 밝히고 있다.

『[1] 우리 중에 이루어진 사실에 대하여 [2] 처음부터 말씀의 목격자 되고 일꾼 된 자들의 전하여 준 그대로 내력을 저술하려고 붓을 든 사람이 많은지라 [3] 그 모든 일을 근원부터 자세히 미루어 살핀 나도 데오빌로 각하에게 차례대로 써 보내는 것이 좋은 줄 알았노니 [4] 이는 각하로 그 배운 바의 확실함을 알게 하려 함이로다』(눅 1:1-4)

누가의 증언과 같이, 처음부터 예수 사건에 대한 목격자들이 존재하였고, 그 목격자들의 증언에 의해서 예수 사건에 대한 역사성은 대대로 전달되었다. 예수 사건에 대한 매우 초기의 기록들이 있고, 다양한 역사적 문헌들이 존재한다. 예수에 대한 역사성을 증거하는 기독교 내의 문서들뿐만 아니라, 기독교 외의 문서들도 존재한다. 기독교는 처음부터 정확한 역사적 사건을 중요시 하였다. 그래서 이 세상 모든 종교들 중에서 가장 탁월한 역사성을 가지고 있다. 이러한 점들은 고대 신비종교들이 도저히 따라 올 수 없는 역사적 신뢰성을 보여주는 것이다. 바로 이러한 이유로 인해서 우리는 예수의 죽음과 부활이 역사적 사실임을 주장하는 것이다.

자! 지금부터 예수의 역사성을 지지하는 증거들에 대하여 비교적 간략하게 설명해 보겠다. 우리는 예수에 대한 역사적 기록의 탁월성, 신화가 발생될 수 없는 이유, 그리고 기독교의 탁월한 구전 전통에 대해서 살펴보도록 하겠다.

1. 예수 사건에 대한 역사적 기록은 탁월하다!

예수의 생애를 담고 있는 신약성경은 역사적으로 신뢰할 수 있는 문헌들이다. 신약성경의 역사적 탁월성을 손쉽게 알아보는 방법은 다른 고대 문헌과 비교 분석해 볼 때 가장 빨리 파악할 수 있다.

첫째; 신약성경은 세계의 그 어느 종교 경전 중에서 가장 탁월한 역사성을 가지고 있다. 고대의 종교 경전들은 모두가 다 구전 전승기간을 가지고 있다. 다시 말해서, 그 종교의 지도자가 가르친 가르침이 일정 기간 동안 구전으로 전승되었다가 후대의 어느 시점에 문서로 기록되었던 것이다. 그래서 그 종교 지도자의 생애와 가르침이 구전으로 전달되어 문자로 기록되기 까지는 상당한 시간이 필요하다.

예를 들어, 단군 신화는 단군이 BC 2,333년에 나라를 세운 후에 그의 이야기가 구전 전승되어 AD 1281년에 일연 스님이 삼국유사에 기록하기 까지 최소한 3,600여년의 시간이 흘렀다. 다른 모든 여건들을 감안하더라도 단군의 이야기가 문자로 기록되기 까지는 최소한 2,400여년 이상의 시간이 소요되었다고 볼 수 있다.

그렇다면 조로아스터교는 어떨까? 조로아스터교를 창시한 사람은 조로아스터(Zoroaster)이다. 그의 본명은 자라투스트라 스피타마이다. 그는 BC 1400~1000년경에 살았던 인물이다.[122] 그의 이야기가 입에서 입으로 전달되어 문자로 기록된 시기는 AD 3세기경이다. 따라서 조로아스터교의 경전은 최소한 1,000년 이상의 구전 기간을 거친 것이다.

불교는 어떠한가? BC 6세기에 살았던 부처의 가르침들 대부분은 AD 1세기에 기록되었다. 불교의 대표적인 경전은 일반적으로 세 바구니를 뜻하는 삼장(三藏, Tripitaka)이다. 이것은 지켜야 할 계율을 모아놓은 율장(律藏, Conduct), 부처의 설법을 담은 경장(經藏, Discourse), 그리고 보충 교리들을 모은 논장(論藏, Supplementary Doctrines)이라는 세 가지로 구성되어 있다. 이 세 가지 중요한 부처의 가르침을 담은 경전은 인도 최초의 통일 왕조를 건설한 아소카왕(Ashoka, B.C. 272-232) 때에 기록되었거나, 그 보다 훨씬 후대에 기록되었다.[123] 또한 부처의 생애에 대해서도 수 백 년 동안 입에서 입으로 전승되어 내려와서 마침내 AD 1세기에 최초의 완성본인 부처의 전기가 문서로 완결되었다. 따라서 부처의 가르침과 그의 생애가 제자들에 의해서 구전되었다가 문자로 기록된 것은 부처의 죽음 이후 최소한 230년에서 600년 사이에 이루어졌다.

이슬람교의 창시자 무함마드(Muhammad)는 AD 570년에서 632년까지 생존하였다. 그의 가르침은 그가 죽은 후 20년에서 200년의 구전 기간을 거쳐서 완성되었다. 무함마드의 생애를 기록한 무함마드의 전기는 AD 767년에 쓰여졌다. 이것은 무함마드가 죽은 후 약 135년이 지나서야 그의 전기가 문서로 기록되었다는 것을 말한다.[124]

그렇다면, 예수의 생애는 어떠한가? 예수의 생애와 가르침을 기록한 사복음서는 예수가 죽고 부활한 후 약 30년에서 60년 사이에 기록되었다. 예수에 대한 사도 바울의 가르침은 예수의 죽음 후 약 18년에서 35년 사이에 기록되었다. 따라서 예수의 생애와 가르침을 증거하는 신약성경은 대부분 예수의 죽음 후 약 18년에서 60년 사이에 문서로 기록되었다.

이러한 사실이 무엇을 말해 주고 있는가? 예수 이야기는 예수의 죽음 이후 약 18년간 구전 전승되었다가 그 이후에 기록되기 시작해서 약 60년 후에는 예수 이야기가 완성되었다는 사실이다. 이러한 사실은 예수에 관한 역사적 기록은 이 세상 그 어느 종교들 보다 매우 짧은 구전 전승 기간을 가지고 있음을 말해 준다. 또한 신약 성경의 역사성이 가장 탁월하다는 사실을 말해 주고 있는 것이다. 따라서 예수에 관한 기록은 세계 어느 종교의 경전에 비교하더라도 가장 탁월한 역사성을 가지고 있다는 사실을 부인할 수 없다.

둘째, 예수 사건을 담고 있는 신약성경은 동·서양의 고대 문헌들과 비교해 볼 때도 가장 탁월한 역사성을 가지고 있다. 예수님의 생애에 대한 전기가 사복음서라면, 공자의 생애에 관한 전기는 사마천의 「공자세가」이다. 김용옥에 의하면, "「공자세가」는 공자의 생애에 관한 기술로서는 최초의 문헌이며, 유일한 문헌이다"[125]라고 한다. 공자의 생애에 관한 유일한 책인 사마천의 「공자세가」는 언제 쓰여진 책인가? 공자는 BC 552~479년에 존재하였던 인물이다. 공자의 죽음(BC 479)이후 공자의 생애가 역사가 사마천에 의해 완성되었던 시기는 그가 죽은 후 최소한 375년 이후에 이루어졌다. 이것은 예수의 생애를 담고 있는 마가복음서가 예수의 죽음 이후 약 30-40년 이내에 기록된 것과 비교해 볼 때, 상당히 오랜 세월이 흐른 이후에 기록된 것이다. 또한 공자의 가르침을 담고 있는 논어(論語)는 공자의 사후 최소한 150년에서 300년 사이에 집적되었다.

노자도덕경(老子道德經)의 저자는 누구이며, 언제 쓰

여겼는가? 중국학에서도 여기에 대한 해답을 명확하게 제시해 줄 수 없다. 왜냐하면, '노자도덕경'이라는 책 이름 자체도 이 책의 원래 이름이 아니라고 한다.[126] 또한 이 책의 저자가 한 사람이었는지 아니면 여러 사람이었는지에 대해서도 논란이 있다. 동양학 학자인 김용옥에 의하면, 노자의 도덕경은 그 저작 시기를 분명히 알 수 없으며, 약 200~300년 동안 계속적으로 첨가되고 삭제되면서 오늘날의 노자도덕경으로 만들어지게 되었다고 한다.[127] 이것은 역사적 인물로서 노자의 사상이 오늘날까지 온전히 보존되고 전달되지 않았음을 알려주고 있는 것이다.

뿐만 아니라, 알렉산더 대왕의 전기는 알렉산더 대왕이 죽은 후 약 400년이 지난 후에 기록되었다.[128] 알렉산더 대왕의 일생에 관한 최초의 전기는 그 대왕이 BC 323년에 죽은 후 약 400년이 지나서 아리안과 플루타크에 의해서 쓰여졌다. 그런데 놀랍게도 현대의 역사가들은 그 기록이 일반적으로 신뢰할 만하다고 여기고 있다.

로마 황제들의 기록은 어떠한가? 초기 로마 황제들의

역사적 기록들도 실제적 역사 인물과 그 기록의 시간 차이는 100년에서 200년 이상의 차이가 있다. 줄리우스 시이저는 로마 제국의 기초를 닦은 인물로 로마 제국의 첫 번째 황제가 되었다. 시이저에 대한 로마 역사가들의 기록은 언제 쓰여졌는가? 로마 역사가 타키투스와 수에토니우스는 시이저에 대한 생애와 업적을 AD 110년에서 120년경에 책으로 기록하였다. 따라서 그들의 기록은 줄리우스 시이저가 죽은 후 약 150년 후에 기록되었던 것이다. 그리고 디오 카시우스는 줄리우스 시이저가 죽은 후 약 270년 후에 그에 대한 역사를 기록하였다.[129]

티베리우스 황제는 예수 시대의 로마 황제이었다. 그는 AD 14년에서 37년까지 로마를 다스렸다. 티베리우스는 예수와 동 시대에 살았던 인물이다. 그 황제에 관한 타키투스와 수에토니우스의 기록은 티베리우스 황제가 죽은 후 약 80년이 지나서 기록되었다. 그 황제에 대한 디오 카시우스의 기록은 그의 사후 약 190년 이후에 쓰여진 역사 기록이다.[130] 이처럼 로마의 황제에 관한 기록도 구전되다가 그 황제가 죽은 후 약 80년에서 250년 이후에 기록되었다.

그러나 로마 황제에 비해 도저히 비교가 될 수 없는 이 이스라엘의 한 무명 청년, 예수에 관한 기록은 언제 쓰여졌는가? 그가 죽은 후 약 18년에서 60년 사이에 사복음서를 비롯하여 여러 권의 책으로 완성되었다. 이것은 역사학자라면 누구나 받아들이고 있는 명백한 역사적 사실이다. 이러한 사실들은 우리에게 무엇을 말해 주고 있는가? 이것은 예수의 생애와 가르침을 담은 신약 성경의 역사성은 고대 동·서양의 문헌들 중에서 가장 탁월한 역사적 신뢰성을 가졌다는 사실을 증거하고 있다.

다시 말해서, 예수에 관한 역사적 기록은 이 세상에 존재하는 그 어느 종교의 지도자들보다도 훨씬 더 탁월한 역사성을 가지고 있다는 사실이다. 또한 동·서양의 고대 인물들 중에서 가장 탁월한 역사성을 가지고 있다는 사실을 밝혀 주고 있는 것이다.

따라서 만일 신약 성경의 역사성을 부인하는 사람이 있다면, 그 사람은 반드시 고대 동·서양의 종교와 역사 문헌들에 대한 역사적 신뢰성도 모두 거부해야만 할 것이다. 또한 만일 어떤 사람이 일반 고대 문헌의 역사성을 인정한다면 그 사람은 반드시 신약 성경의 역사적 신뢰성도 받아들여야만 한다. 왜냐하면 신약 성경은 고대 문헌들 중에서 가장 믿을 수 있는 문헌이기 때문이다.

2. 신약성경을 제외한 일반 세속 역사에서도 예수에 관한 신뢰할만한 기록들이 풍성하게 기록되어 있다.

많은 사람들이 오해하고 있는 점이 있다. 그것은 우리가 오직 신약 성경을 통해서만 역사적 예수에 대해서 알 수 있다고 생각하는 것이다. 심지어 간혹 신약학자들 가운데서도 역사적 예수의 생애와 가르침은 오직 사복음서를 통해서만 알 수 있다고 주장하는 사람을 보게 된다.

그러나 우리는 신약 성경을 전혀 펼치지 않고서도 예수님의 존재와 그의 생애에 대해서 자세히 알 수 있다. 예수가 실제 인물이라는 증거들은 일반 세속 역사에 분명히 나타나 있다. 우리는 신약 성경을 제외한 일반 역사를 통해서도 예수님의 삶과 가르침, 그리고 죽음과 부활 등에 대해서 명확히 알 수 있다.

일반 역사에 나오는 대표적인 기록물들은 유대인 역사가 요세푸스, 탈무드, 로마의 역사가 타키투스, 로마의 지방 총독 플리니, 루기안 등의 역사적 기록에 잘 나타나 있다. 또한 초기 기독교 교부들의 기록을 통해서도 예수에 대해서 알 수 있다.

역사적 예수에 대한 권위자인 게리 하버마스(Gary R. Habermas)는 그의 책 "역사적 예수"(The Historical Jesus)에서 예수님의 생애에 대한 고대 자료는 45개가 있다고 밝힌다. 그는 그 책에서, 초기 교리적인 자료는 19개, 4개의 고고학적 자료들, 17개의 비그리스도인의 자료들, 그리고 5개의 신약 성경을 제외한 초기 그리스도인의 자료들을 일일이 소개하고 분석한다.[131]

하버마스는 17개의 비기독교인의 역사 자료들을 면밀히 분석한 후 다음과 같이 그 결과를 말하여 주고 있다. 17

개 자료 중에서 대다수가 예수의 생애에 대한 관점을 언급하고 있고, 12개 자료가 예수의 죽음에 대해서 기록하고 있다. 그 12개 비기독교인 자료들 중에서 6개가 예수의 신성에 대해서 기록하고 있는데, 예수의 신성에 대하여 직접적으로 언급하거나, 그 당시 그리스도인들이 예수의 신성을 믿었다고 기록하고 있다.[132]

게다가 하버마스는 예수의 생애에 대한 45개의 고대 자료들 중에서 예수님의 실제 생애, 인격, 가르침, 죽음, 부활, 그리고 제자들의 초기 메시지등을 철저히 분석하였는데, 그 결과 예수님과 관련된 고대 역사의 사건 기록들은 총 129가지나 된다고 말한다. 그는 그 책을 통하여 이러한 역사적 사건들을 일일이 열거하고 있다.[133]

이렇게 고대 자료들을 꼼꼼히 분석한 하버마스는 말하기를, "예수님은 단순히 자신에 대한 역사적 자료들을 많이 가졌을 뿐만 아니라, 상당히 많은 분량의 질적인 자료들을 가진 역사적 인물 중의 한 사람이다. 그 분에 대한 자료는 고대에서 가장 공식적으로 언급된 것이며, 가장 입증된 삶을 보여주는 자료 중에 하나이다."[134]라고 결론을 맺고 있다.

또한, 보스턴대학의 명예 교수인 하워드 클라크 키(Howard Clark Kee)는 신약 성경 이외의 자료들을 연구한 후에 다음과 같이 주장하고 있다.

> 예수에 관한 전통들이 이 정도로 다양한 방식으로 전수되었음에도 불구하고, 이후의 인류사에 그토록 심오한 영향을 계속 끼쳐온 이 인물의 생애, 가르침과 죽음에 대한 내용들이 명료하면서도 놀랄만큼 일관되게 정돈되어 있다는 증거들을 우리는 가지고 있다.[135]

따라서 예수님에 관한 다양한 역사 기록들과 신뢰성은 다른 고대 인물들과 비교해 볼 때 가장 탁월하다고 말할 수 있다.

여러분은 앞에서 동·서양의 고대 인물들의 역사 기록에 대해서 살펴본 것을 기억하고 있을 것이다. 인류 역사상 지금까지 고대에 존재했던 인물들 중에서 과연 누가 예수보다 더 많은 역사적 기록들을 가지고 있다고 생각할 수 있는가? 석가모니인가? 무함마드인가? 공자인가? 노자인가? 알렉산더 대왕인가? 아니면 로마의 황제들인가?

사실 이 모든 인물들보다도 예수에 관련된 역사적 기록은 훨씬 더 탁월하고 풍성하다. 이렇게 명백한 역사적 사실들을 제쳐두고서 예수를 단순히 신화적 인물로 폄하시킬 수 있겠는가? 이것은 손바닥으로 태양을 가리는 행위이다. 성경을 제외한 일반 역사 속에서도 예수의 기록은 탁월하게 보존되어 왔다는 사실은 예수의 역사성에 대한 의심을 단번에 물리치게 하는 명확한 근거인 것이다.

3. 역사상 매우 짧은 구전 전승 기간 동안에 신화가 발생한 경우는 단 하나도 없다.

예수 이야기가 신화라고 주장하는 사람들이 직면하는 큰 난관이 있다. 그것은 예수 사건의 이야기가 매우 짧은 구전 전승 기간을 가지고 있다는 사실이다. 이렇게 짧은 구전 전승 기간 내에 역사상 신화가 발생한 경우는 없었다. 왜냐하면 예수의 생애를 담고 있는 신약 성경은 신화나 전설이 발생하기 이전에 쓰여진 기록물이기 때문이다.

신화나 전설을 연구하는 학자들에 의하면 하나의 역사적 사건이 신화로 발전되기 위해서는 최소한 두 세대의 시간이 걸린다고 한다. 그리스-로마 역사 연구에 명망있는 에이. 엔. 셔윈-화이트(A. N. Sherwin-White)는 "하나의 역사적 사건이 입으로 전해져서 역사적 진실을 뛰어 넘어 전설적인 경향성을 보이게 되는 데는, 심지어 두 세대도 너무나 짧은 기간이다"라고 말한다.[136] 셔윈-화이트의 견해에 의하면, 지금까지 그리스-희랍 신화와 역사 속에서 60년 이내에 어떤 사건이 전설이나 신화로 발달된 증거는 없다고 한다.[137] 그런데 여러분, 예수에 관한 신약 성경은 언제 기록되었는가? 예수의 죽음 이후 약 18년에서 60년 사이에 모두 다 완성되었다. 그렇다면, 여기에 신화가 발생될 시간적 여유가 없다. 이 짧은 구전 기간에 신화가 발생한 경우는 전혀 없었다.

그래서 셔윈 화이트는 "역사를 통해서 복음서의 내용

을 그토록 빠르게 완전히 왜곡시킬 정도로 전설이 발전했을 가능성은 전혀 없다"고 단언하였다.[138] 또한, 19세기에 독일의 신학자 율리우스 뮐러가 회의주의 학자들을 향해, 만일 복음서의 기록이 신화화되었다면, "역사상 어딘가에 전설이 그렇게 빨리 발달한 단 한 가지 예 만이라도 찾아보라"고 도전하였다.[139] 그러나 그 때부터 지금까지 그 누구도 그의 도전에 응답한 학자는 없었다. 그러므로 신약 성경에 나타난 예수의 생애는 신화나 전설로 발달되지 않는 역사적 기록물이라고 충분히 말할 근거가 있다.

4. 기독교 공동체 안의 탁월한 구전 전통은 확실한 역사성을 뒷받침해 준다.

기독교 신앙은 예수의 죽음과 부활을 직접 목격한 목격자들의 증언으로부터 전달되었다. 예수에 대한 신앙은 예수를 직접 보고 듣고 함께 생활하였던 제자들의 증언들이 공동체에 반복적으로 전달되었다. 그래서 예수의 죽음과 부활을 직접 목격한 목격자들의 증언들이 처음부터 기독교 공동체 안에서 증거되었고, 그 증언들은 반복적으로 전달되었다. 따라서 그 목격자들의 증언이 신약 성경의 내용에 핵심을 이루고 있는 것이다. 이러한 기독교 공동체 안의 탁월한 구전 전통은 다음과 같은 특징들을 지니고 있다.

첫째, 예수의 복음은 가장 탁월한 구전 문화를 지닌 유대사회 속에서 전달되었다.

고대 사회의 역사는 주로 구술 전통(oral tradition)에 의존하였다. 거의 대부분 고대 역사는 구전으로 전해져 내려오던 것들이 어느 시점에서 문자로 기록되었다. 고대 사회는 구전 교육 중심의 사회이었다. 고대 사회에서 주요 교육 수단은 주로 암기에 의존하였으며, 암기는 고대 사회에서 가장 보편적인 교육의 수단이었다.[140] 따라서 고대 사회의 교육은 선별된 내용들을 암기하였고 또한 입으로 전해져 내려오는 이야기들 암기하였다. 헬라적 교육에 의하면, 유명한 사람들이나 위대한 스승들의 말씀은 모두 암기되었다. 그리고 그 내용을 전달할 때는 정확한 단어를 구사하는데

초점을 맞추기 보다는 그 이야기의 줄거리와 핵심 내용을 더욱 중요하게 취급하였다.[141]

그런데 유대 교육은 헬라 교육보다 더욱 더 문자적 암기를 중요시하였다. 학생들은 구약 성경과 구전 전통들을 보다 정확하게 암기하는데 집중하였다. 특히 유대 사람들 사이에서 중요한 가르침은 말로 전달되었고, 그 가르침은 운율과 일정한 패턴이 있어서 암기하기가 용이하였다.[142]

그런데 이러한 구전 암기 교육은 일부 유대 지도층에서만 유행했던 것이 아니라, AD 1세기 유대 일반 대중의 문화 자체가 매우 강한 구전문화를 가지고 있었다는 사실이다. 유대의 회당에서나 일반 가정의 식탁에서, 종교적 모임이나 연회에서, 교육적 환경에서나, 결혼식에서도, 사람들은 이야기를 즐겨하였고, 지혜를 인용하였다. 바로 이 같은 구전 문화 속에서 그들은 생활하였다.[144]

이러한 강한 구전 문화가 초기 기독교가 속한 문화적 배경이다. 이와 같은 구전 문화 속에서 예수의 목격자들은 그들이 본 것을 말하였고, 그가 속한 공동체는 그 이야기를 들었고, 또한 기억하였다. 그리고 그들이 전해들은 그 이야기들을 다음 세대에 다시 전달해 주었던 것이다.[145] 다시 말해서, 고대 사회들이 주로 암기 위주의 문화를 가졌다면, 특히 예수 시대의 유대문화는 가르침을 암기하여 전달하는데 가장 탁월한 구전 문화를 가지고 있었던 것이다. 이와 같은 강한 구전 중심의 사회 문화 속에서 예수의 가르침은 효과적으로 전달 될 수 있었다.

여기서 잠시 예수의 가르침을 생각해 보라. 그의 가르침은 비유가 많았고, 이야기 형태로 전달했고, 주로 시적인 형태로 가르쳐졌다. 알. 라이에스너(R. Riesner)는 예수의 가르침 중 80% 정도가 시적인 형태이라고 주장한다.[146] 예수님의 가르침이 이렇게 시적인 형태였고, 이야기 형태이었기 때문에 사람들이 기억하고 암기하기가 매우 용이하였다고 볼 수 있다. 그리고 예수의 제자들은 예수님의 죽음과 부활의 역사적 현장 속에서 직접적인 경험을 했기 때문에 그들의 증언은 더욱 생생하게 전달 될 수 있었을 것이다.

둘째, 예수의 이야기는 가장 강한 구전 문화를 지닌 유

대사회에서 가장 짧은 구전 전승 기간 내에 전달되었다.

예수의 구전 전승을 생각할 때 가장 중요한 점은 예수에 관한 신약 성경의 기록들은 고대 문헌들 중에서 가장 짧은 구술 전승의 기간을 가지고 있다는 사실이다. 다시 말해서 다른 종교 경전들과 동.서양의 고대 인물들에 대한 기록들은 최소한 100년에서 천년이 넘는 긴 세월 동안 입에서 입으로 전해져 내려오는 구전의 역사를 가지고 있다.

예를 들어, 불교의 불경은 약 230년에서 600년 동안의 오랜 구술 전승의 역사를 가지고 있고, 이슬람의 하디스도 약 150여년 동안 구전에 의존하였다. 공자의 생애도 약 300년이라는 구술 역사를 가지고 있다. 뿐만 아니라, 알렉산드 대왕의 생애도 약 400년 동안 구전으로 전해져 내려온 이야기들이 역사에 기록되었다. 또한 로마의 황제들도 약 100년에서 200년 이상 구전에 의해 전해져 내려 온 이야기들을 후대 역사가들이 역사로 기록하였다.

그러나 예수의 복음서들이나 바울의 서신들은 최소한 약 18년에서 60년의 구전 기간 내에 문자로 기록되었다. 따라서 예수에 관한 이야기는 유대의 강한 구전 문화 속에서 전해져 내려왔으며, 그 구전의 내용들은 예수의 죽음 이후 약 18년에서 60년 이내에 문자로 기록되었던 것이다. 그래서 예수의 이야기는 가장 강한 구전 문화 속에서 가장 짧은 구전 전승 기간을 가지고 있다.

　　이러한 사실이 무엇을 밝혀주고 있는가? 그것은 예수에 대한 증언들은 고대 구전 역사상 매우 신뢰할만 하게 전달되어 왔다는 사실을 말해 준다. 예수 이야기는 탁월한 구전 문화 속에서 온전히 전달되었다고 말할 수 있다.

　　셋째, 구전을 기초로 하는 공동체는 역사적 관심을 갖는다.

　　구전을 연구하는 학자들에 의하면, 구전을 기초로 하는 공동체들은 역사적 사실을 올바르게 전달하는데 강한 관심을 가지고 있다고 한다.[147] 구전 공동체들은 역사적 사실을 보존하는데 관심이 많다. 구전 전승의 전문가들에 의하면, 구술 전통을 대중에게 말해주는 나래이트가 구전의 어느 부분을 전달할 것인가에 대해서는 나름대로 유연성을 가지고 있다고 한다. 그러나 그 자료의 내용 자체를 변형시키게 되면, 공동체의 반대에 부딪히게 되고 그 잘못된 부분을 바로 잡아야만 한다고 한다. 공동체가 그 구전 전통을 올바르게 유지하는데 중요한 역할을 해 왔다는 사실이 구전 학자들에 의해서 밝혀지게 되었다.[148]

또한, 구전 학자들에 의하면, 구전 위주의 사회는 역사적 관심을 기를 능력이 있을 뿐만 아니라, 대개 예리한 역사적 관심을 나타낸다고 한다. 실제로, "구전의 전달자나 공동체는 그 구전 전달의 정확성을 지키는데 공동적인 책임을 가지고 있다. 만일 그 나래이트가 무엇인가 잘못된 것을 말할 때는 공동체가 거기에 끼어들어서 수정한다." 이러한 사실 때문에 구전 중심의 공동체에서는 역사 보존이 매우 탁월하다고 말할 수 있는 것이다.

구전을 기초로 하는 공동체의 특성이 역사적 사실들을 보존하는데 관심을 갖는다는 사실은 예수 이야기의 구술 전통에서도 그대로 적용될 수 있다. 사실 초기 교회 공동체들은 예수 사건에 관한 목격자들의 증언들을 토대로 구술 전통을 형성하였는데, 이 구술 전통을 그대로 유지하는데 상당히 노력하였다는 사실을 쉽게 알 수 있다. 바울 서신들을 살펴보면, 바울이 얼마나 목격자들의 구술 전통을 중요시여기고 강조했는가를 쉽게 알 수 있다.

* 『여러분이 모든 일에서 나를 기억하고 또 내가 여러분에게 전해 준 대로 전통을 지키고 있으므로 나는 여러분을 칭찬합니다.』(고전 11:2)
* 『우리가 전에 말하였거니와 내가 지금 다시 말하노니 만일 누구든지 너희의 받은 것 외에 다른 복음을 전하면 저주를 받을지어다.』(갈 1:9)
* 『너희는 내게 배우고 받고 듣고 본 바를 행하라 그리하면 평강의 하나님이 너희와 함께 계시리라.』(빌 4:9)
* 『이러므로 형제들아 굳게 서서 말로나 우리 편지로 가르침을 받은 유전을 지키라.』(살후 2:15)

이와 같이 초기 교회는 예수의 죽음과 부활 이후에 목격자들에 의해서 증언된 구술 전통을 지키고 보존하는 일들에 우선적 관심을 두고 있었다. 초기 교회는 예수의 죽음과 부활에 관하여 목격자들이 전달해 준 사실들과 전통들을 가르치고 지켜나가는데 매우 높은 관심을 보였다. 이것은 초기 교회 공동체가 예수에 관한 역사적 사실들을 온전히 보전하고 전달하는데 매우 큰 열의가 있었음을 말해 주는 것이다.

넷째, 구전 공동체는 역사적 풍설들(historical tales)과 역사적 기사들(historical accounts)을 구분하였다.

구술 전통을 연구하는 학자들에 의하면, 구전 중심의 사회들은 흥미위주의 소설로부터 역사에 뿌리를 둔 정보를 구분할 수 있는 능력이 매우 뛰어 났다는 사실을 밝히고 있다.[150] 다시 말해서, 고대 구전 위주의 사회에서는 단지 소설로 여겨지는 풍설과 역사적 이야기들을 구분 할 수 있었다는 것이다.

구전을 연구하는 학자들 중에서 잰 밴시나(Jan Vansina)는 구전 학자들 중에서 가장 탁월한 학자로 손꼽힌다. 잰 밴시나의 관찰에 의하면, 구전 사회들은 종종 역사적 풍설과 역사적 기사를 구분한다는 것이다.[151] 풍설들이란 "소설로 여겨지는 것들"을 말한다.[152] 따라서 역사적 풍설들은 일종의 소설로 취급되며, 사람들의 흥미를 위해서 말해지기 때문에 역사성을 가지지 않는다. 역사적 풍설들은 역사적 기사들과는 구분되며 시대와 장소에 따라서 많이 바뀌고 혼합된다.[153] 고대 신화와 같은 것들이 바로 이런 유형에 속한다.

그러나 역사적 기사들은 신뢰할 만한 역사적 이야기로서 역사성을 가지고 있다. 역사적 기사들은 역사적 풍설보다 역사적 내용 변화가 훨씬 적으며 변화하더라도 그 변화의 속도는 매우 천천히 일어난다는 것이다.[154]

이러한 구전 학자들의 견해는 복음서의 진실성을 밝히는 데 매우 큰 도움을 준다. 초기 교회 공동체는 매우 강한 구전 문화의 영향 아래에 있었기 때문에 그 당시 소설로 여겨지는 풍설들과 역사적 사건들을 구분할 수 있는 충분한 능력을 가지고 있었다. 따라서 그들은 예수에 관한 가르침과 이야기들이 근거 없는 풍설이었는지 역사적 사실에 근거한 것인지를 충분히 구분할 수 있었을 것이다. 다시 말해서 신화와 역사를 구분할 수 있는 능력이 있었다.

또한 신화와 같은 풍설들은 시대와 장소에 따라서 그 내용이 많이 바뀌지만, 예수의 생애와 같은 역사적 사실들은 구전 공동체를 통해서 그 역사적 내용들이 변형되지 않고 역사적 사실 그대로 보존되었다고 볼 수 있다. 그동안 어떤 자유주의 신학 학풍에서는 예수의 역사적 이야기들이 후대로 전달되는 과정 속에서 그 내용이 변형되었을 것이라고 추정해 왔다. 다시 말해서, 예수의 이야기가 한 공동체에서 다음 공동체로 넘어갈 때, 그 내용이 변화된다고 주장하였다. 그래서 예수의 죽음과 부활 사건이 후대에 전달되는 과정에서 변형이 일어나서 후대에 전달된 것은 원래 예수 이야기가 아니라 그 현재적 공동체의 삶을 반영한 새로운 예수 이야기로 변화되었을 것이라고 주장하였다.

그러나 구전 학자 밴시나의 연구에 의하면 그런 변형은 일어나지 않는다고 한다. 그는 구전 공동체들은 역사적 사건들을 신화와 구분하여 매우 조심스럽게 보존하였고, 그 내용이 후대에 전달되는 과정에서도 거의 변형되지 않으며, 변형되더라도 그 변화의 속도는 아주 천천히 일어난다는 사실을 밝혀내었다.

따라서 이러한 점들은 예수의 역사적 사건이 교회 공동체를 통해서 매우 잘 보존될 수 있었다는 사실을 강력하게 뒷받침 해 주고 있다. 기독교 공동체는 유대의 강한 구전 문화 속에서 예수에 관한 올바른 역사적 사실들을 잘 구분하여 보존할 수 있었다. 그리고 그 역사적 사실들을 변형시키지 않고 후대에 까지 잘 전달할 수 있었다고 볼 근거는 충분하다. 따라서 우리는 예수 이야기들은 가장 강한 구전 문화 속에서 가장 짧은 구전 기간을 거치면서 그 내용이 역사적 사실에 근거하여 매우 정확히 전달되었다고 볼 수 있다.

다섯째, 구전 전문 학자들에 의하면, 구전 위주의 공동체들은 상당히 긴 구전을 매우 믿을만하게 보존하였고 전달해 왔다는 사실을 밝혀내었다.

구전 학자들에 의해서, 심지어 수 백 년 또는 수 천 년의 세월에 걸쳐서 전달된 구전의 경우에도 그 내용이 거의 원형대로 전달되어졌음이 밝혀졌다. 예를 들어, 지난 수 십 년간의 구전 학자들의 연구에 의하면, 중앙아시아, 인디아,

아프리카 그리고 오세아니아 지역에서 많은 긴 구전 이야기들이 존재하고 있다는 것을 밝혀내었다.[155] 민간전승에 관한 전문가인 라우리 혼코(Lauri Honko)에 의하면, "정말로 긴 구전 사건 이야기들(oral epics)의 존재를 더 이상 부인할 수 없다"고 말한다.[156] 사실, 25시간 동안 말할 정도로 긴 구전 이야기들과 문자로 기록하기 위해서 여러 날이 걸리는 이야기들이 지금까지 존재하고 있다.[157]

또한 전 세계의 긴 구전 이야기와 마가복음을 비교 연구한 조안나 듀이(Joanna Dewey)는 지적하기를, "마가복음 이야기의 길이는 다 들려지기에 최대 2시간 정도가 걸릴 것이다. 이것은 우리가 이미 살펴본 바대로, 구전 이야기 표준들에 비추어 볼 때 상대적으로 짧은 것이다"고 말한다.[158] 게다가 구전 이야기가 들려지는데 있어서, 마가복음의 이야기는 상대적으로 기억하고 전달하기가 쉬운 편이다. "좋은 이야기꾼들은 마가의 이야기를 읽는 것을 들을 때나 혹은 이야기하는 것을 듣는 것을 통하여 쉽게 마가 이야기를 배울 수가 있을 것이다"[159]라고 듀이는 주장한다.

이와 같은 사실들은 우리에게 무엇을 알려주고 있는가? 예수의 생애에 관한 이야기는 전 세계의 긴 구전 이야기들에 비해서 결코 긴 이야기가 아니다. 긴 구전 이야기들도 공동체들을 통하여 잘 보존되어 왔다면, 비교적 짧은 분량의 예수 이야기들도 구전 전통이 강한 기독교 공동체를 통하여 더욱 잘 전달 될 수 있음을 말해 주고 있는 것이다. 더욱이 예수 이야기는 공동체와 더불어 개인 전달자들의 구체적인 역할이 있었고, 특히 예수를 직접 목격한 목격자들의 증언들이 교회 안에서 수 백 번 또는 수 천 번씩 반복하여 가르쳐진 것을 바탕으로 하였기에 그 내용의 보전이 탁월하다고 말할 수 있다.

여섯째, 예수 이야기가 후대에 전달되어 문자로 기록될 당시 예수 사건에 대한 목격자들의 일부가 그때 까지 생존하였기 때문에 예수 이야기의 신뢰성은 더욱 탁월하다고 말할 수 있다.

특히 복음서의 기초가 된 사도들의 증언들은 사복음서 주요내용이 되었다. 그리고 사도 바울이 초기 기독교의 핵심 교리인 예수의 죽음과 부활을 전파할 당시 실제로 수많은 목격자들이 그 때까지도 살아있었다.

그렇다면, 바울이 고린도 교회에 예수의 죽음과 부활에 대하여 가르쳤을 때, 과연 어느 정도의 목격자들이 살아있었겠는가? 여기에 대하여 바울은 다음과 같이 언급한다.

> 그 다음에 그리스도께서는 한 번에 오백 명이 넘는 형제자매들에게 나타나셨는데, 그 가운데 더러는 세상을 떠났지만, 대다수는 지금도 살아 있습니다. (고전 15:6)

여기서 사도 바울은 예수의 부활을 목격한 증인들이 사도들뿐만 아니라, 오 백 명이 넘는다고 밝히고 있다. 또한 그 목격자들은 바울이 예수의 사후, 약 25년이 지난 후에 고린도 교인들에게 편지를 쓰는 그 시점에도 대다수의 목격자들이 여전히 살아있다는 사실을 우리에게 알려주고 있다.

그러므로 예수 사건의 목격자들은 바울이 서신서들을 쓸 그 당시에도 여전히 생존하였음이 분명하다. 따라서 그 목격자들의 역사적 증언들은 바울 시대에도 여전히 올바르게 전달되었다는 사실을 확신할 수 있다.

뿐만 아니라, 마가복음이 AD 70년경을 전 후 해서 쓰여졌다고 한다면, 예수의 부활을 목격한 사람들 중의 일부는 그 때까지 여전히 살아있었다고 볼 수 있다.[160] 그때까지 생존하였던 목격자들은 그들이 보고 들었던 예수의 가르침과 생애에 대하여 생생하게 교회 공동체에서 반복해서 가르쳤을 것이다. 그리고 바울 서신서들과 그 복음서의 내용이 역사적 사실에 근거한 진실인지에 대하여서도 판단할 수 있었을 것이다.

5. 초기 교회의 탁월한 구전 전통은 후대에까지 온전하게 전달되었다.

어떤 사람은 기독교 신앙이 유대의 강한 구전 문화 속에서 잘 전달되었다는 사실을 알면서도, '초기의 신앙이 후대에 잘못 전달되지 않았는가?' 라는 막연한 의문을 제기한다. 그러나 강한 구전 문화의 전통을 유지하고 있었던 기독교는 예수의 말씀을 후대에 까지 정확하게 전달되게끔 확실한 전통 전달 수단이 있었다. 예수의 말씀이 후대에까지 온전히 전달되었다는 사실에 대해서 다음과 같이 설명할 수 있다.

첫째, 예수를 직접 목격한 사도들의 증언들이 초기 기독교 공동체의 신앙 규범이 되었다![161]

초기 그리스도인들의 신앙의 토대는 과연 무엇이었는가? 그들의 신앙의 토대는 예수 그리스도의 복음이었다. 그들의 신앙의 절대 규범은 오직 예수 그리스도와 그분의 말씀이었다. 그들에게서 예수 그리스도의 삶과 가르침, 죽음, 그리고 부활을 제거한다면 아무런 신앙의 근거를 발견할 수 없을 것이다. 역사적 예수 그리스도에 대한 절대적 믿음이 기독교 시작의 근본이었다.

사도들은 예수의 가르침과 예수의 생애를 직접 목격한 목격자들이다. 그래서 그들의 목격자적 증언들은 초기 교회의 신앙 규범이 되었다. AD 1세기 당시 초기 예루살렘 교회 안에는 열 두 사도들을 비롯하여 수많은 사람들이 예수의 생애에 대한 목격자들로서 활동하였다. 그들의 생생한 증언은 날마다 반복적으로 증언되었고 전달되었다. 따라서 예수에 관한 실제 역사적인 이야기들은 다음 세대 사람들에게 온전하게 전달될 수 있었다. 그렇다면, 그 사도들의 증언들은 구체적으로 어떤 것들이었는가?

둘째, 사도들의 증언들은 교회 안에서 케리그마(Kerygma)라는 전통으로 후대에 전달되었다.

초기의 그리스도인들은 예수의 말씀을 직접 보고 듣고 경험하였던 사도들의 증언들에 기초하여 신앙생활을 하였다. 그 사도들은 예수의 가르침과 십자가 죽음, 부활과 승천, 그리고 다시 오심에 대하여 교회들 안에서 반복적으로 가르쳤다. 바로 이것이 사도적 케리그마이었다. 이러한 사도적 케리그마는 신약 성경보다 먼저 있었고, 나중에 신약 성경의 핵심 내용이 되었으며, 초기 교회의 매우 중요한 신앙의 규범이 되었다. 이 사도적 가르침은 교회 안에서 점차 사도적 전통으로 자리를 잡게 되었다. 만약 예수 그리스도에 대한 사도적 증언들과 가르침이 초기 교회에서 절대적 신앙 규범이 아니었다면, 과연 그들은 무엇을 근거로 신앙 생활을 하였겠는가?

사도 바울도 이러한 사도적 전통이 있음을 알고 있었다. 바울 시대 이전에 이미 초대 교회는 '전통'이라고 불리는 신앙의 표준을 가지고 있었다.[162] 사도 바울도 이 전통에 대해서 다음과 같이 언급하고 있다.

> 『여러분이 모든 일에서 나를 기억하고 또 내가 여러분에게 전해 준 대로 전통을 지키고 있으므로 나는 여러분을 칭찬합니다.』(고전 11:2)

> 『[3] 내가 전해 받은 중요한 것을, 여러분에게 전해 드렸습니다. 그것은 곧 그리스도께서 성경대로 우리 죄를 위하여 죽으셨다는 것과, [4] 무덤에 묻히셨다는 것과, 성경대로 사흘 째 되는 날에 살아나셨다는 것과, [5] 게바에게 나타나시고 다음에 열두 제자에게 나타나셨다고 하는 것입니다.』(고전 15:3-5, 표준새번역)

여기서 사도 바울은 초기 교회에서 케리그마라는 교회의 전통이 존재하였음을 우리들에게 명확히 알려주고 있다. 이렇게 예수 그리스도께 권위를 둔 사도적 가르침은 그 다음 세기에 걸쳐서 교회 신앙의 중요한 원칙이 되었다.

심지어 초기 교회들은 이 사도적 가르침에 입각해서 이단을 구별하기도 하였다. 예를 들어, AD 2세기 후반에 이레니우스(Irenaeus)가 영지주의적 성경해석에 대항하여 싸울 때, 그는 사도적 교회 전통의 중요성에 대해서 다음과 같이 말 하였다.

> 만약의 경우, 심지어 사도들이 그들의 글들을 우리에게 남겨두지 않았다고 치더라도, 그 사도들이 헌신하였던 그 교회 사람들에게 전해준 바로 그 전통의 원칙을 따르지 말아야 한단 말인가?[163]

이러한 이레니우스의 글을 통해서, 우리는 사도들의 구전 전통은 초기 교회로부터 그 이후 2-3세기 동안 교회의 중요한 신앙원칙이 되었음을 확인할 수 있다. 그렇다면 이러한 사도적 구전 전통은 과연 언제까지 후대에 제대로 전달되었겠는가?

셋째, 사도적 구전 전통은 '신앙의 규범'(The Rule of Faith) 형태로 주후 3세기까지 온전히 전달되었다!

우리는 지금까지 사도들의 가르침이 구전 전통이 되어 초기 교회들에서 신앙의 규범이 되었다는 사실에 대해서 확인하였다. 그렇다면, 이러한 사도적 구전 전통은 교회의 규범으로서 언제까지 그 영향력을 미쳤겠는가?

AD 1세기의 사도적 전통이 AD 2-3세기의 교부들에게도 그대로 전달되었다. AD 3세기의 교부 터툴리안(Tertullian)은 그 당시 교회에서 실행되고 있었던 '신앙의 규범'(the rule of faith)은 사도들의 설교에서 그대로 물려받은 것이라고 주장하였다.[164] 그는 『마르시온에 대항하여』(Against Marcion)라는 책에서 사도 바울이 회심한 후에 바울의 복음 규범과 다른 사도들의 신앙 규범을 비교하기 위해서 예루살렘으로 올라갔다고 주장하였다. 그리고 그 동일한 "신앙의 규범이 복음의 초기로부터 계속적으로 자기들에게까지 전수되어왔다"[165]고 주장하였다.

이것은 초기 사도들의 메시지가 주후 3세기 터툴리안

의 교회 시대까지 그대로 전달되고 선포되어 왔다는 사실을 잘 증거 해 주는 것이다. 터툴리안 뿐만 아니라, 이레니우스도 그의 책, 『사도적 설교의 증거』(Proof of the Apostolic Preaching)에서 다음과 같이 주장하였다.

> 그리스도인들은 '신앙의 규범'(the rule of faith)을 엄격하게 지켜야만 한다. 왜냐하면, 그것은 사도들과 그들의 제자들에 의해서 우리에게 전수되어 온 것이기 때문이다. 그리고 그것은 우리에게 우리가 성부와 성자와 성령의 이름으로 죄 용서를 위한 세례/침례를 받았다는 것을 기억하게 해주기 때문이다.[166]

이렇게 사도들의 가르침이 구전 형태로 전해졌던 신앙의 규범들은 주후 2-3세기 동·서양의 교회 전역에서 중요한 신앙의 핵심으로 실제 신앙생활에 적용되고 있었다. 이렇게 구전으로 전승된 사도적 신앙의 규범은 신약성경과 함께 교회를 공격해 오는 이단들의 주장을 대처하는 중요한 원칙이 되었다.

이와 같이 사도적 전통을 이어받은 신앙의 규범은 기독교 신앙의 근본적인 핵심 규범이 되었던 것이다. 이레니우스, 터툴리안, 오리겐(Origen), 그리고 그 외의 교부들은 사도적 전통을 이어받은 신앙의 규범이 성경과 완전한 일치를 이룬다는 데 모두 동의하였다.[167]

넷째, '신앙의 규범'은 초기 교회로부터 세 가지 구체적인 전달수단으로 후대에까지 정확히 전달될 수 있었다. 그 전달 수단은 학습, 노래, 그리고 성례이다.[168] 1) 초대 교회는 사도들의 설교를 반복해서 들었다. 그들에게 학습은 예수에 관한 주요한 사건들을 반복해서 암송하는 것이었다. 고대 세계에서 암송은 중요한 교육 수단이었듯이 그 초기 그리스도인들은 예수께서 가르쳐 주신 말씀과 믿음의 핵심들을 반복적으로 암송하여 후대에 전달해 주었다. 하나님과 예수님, 그리고 예수의 죽음과 부활 등이 초기로부터 고백되었고 암송되고 전달된 학습의 내용이었다. 이러한 학습은 아주 초기의 교회로부터 시작되었다. 유명한 신약 학자 대럴 복(Darrel L. Bock)은 초기 교회의 학습 내용을 다음과

같이 제시하고 있다: 고린도전서 8장 4-6절; 로마서 1장 2-4절, 그리고 고린도전서 15장 3-8절.[169]

『[4] 그러므로 우상의 제물 먹는 일에 대하여는 우리가 우상은 세상에 아무 것도 아니며 또한 하나님은 한 분 밖에 없는 줄 아노라 [5] 비록 하늘에나 땅에나 신이라 칭하는 자가 있어 많은 신과 많은 주가 있으나 [6] 그러나 우리에게는 한 하나님 곧 아버지가 계시니 만물이 그에게서 났고 우리도 그를 위하여 또한 한 주 예수 그리스도께서 계시니 만물이 그로 말미암고 우리도 그로 말미암았느니라』(고전 8:4-6)

『[2] 이 복음은 하나님이 선지자들로 말미암아 그의 아들에 관하여 성경에 미리 약속하신 것이라 [3] 이 아들로 말하면 육신으로는 다윗의 혈통에서 나셨고 [4] 성결의 영으로는 죽은 가운데서 부활하여 능력으로 하나님의 아들로 인정되셨으니 곧 우리 주 예수 그리스도시니라』(롬 1:2-4)

『[3] 내가 받은 것을 먼저 너희에게 전하였노니 이는 성경대로 그리스도께서 우리 죄를 위하여 죽으시고 [4] 장사 지낸 바 되었다가 성경대로 사흘 만에 다시 살아나사 [5] 게바에게 보이시고 후에 열두 제자에게와 [6] 그 후에 오백여 형제에게 일시에 보이셨나니 그 중에 지금까지 태반이나 살아 있고 어떤 이는 잠들었으며 [7] 그 후에 야고보에게 보이셨으며 그 후에 모든 사도에게와 [8] 맨 나중에 만삭되지 못하여 난 자 같은 내게도 보이셨느니라」(고전 15:3-8)

위의 내용들은 아주 초기 교회의 성도들이 반복적으로 암송한 것을 후대에 까지 전달되어 바울의 서신들에 쓰여지게 된 것들이다.

2) 다음으로 초기 교회가 신앙의 규범을 후대에 전달했던 수단은 '노래'이었다. 그들은 초창기부터 그들의 신앙을 찬양시 형태로 만들어서 찬송을 불렀다. 그래서 초기 그리스도인들은 그 찬송시를 노래로 부름으로써 그들의 신앙을 표현하였고, 후대에 전달할 수 있었다. 성경학자들에 의하면 그 노래 가사들 중에는 예수의 죽음과 부활 사건 이후 약

2년에서 8년 사이에 찬양시 형태로 노래되었던 것이 있다고 한다. 그 대표적인 찬양시가 바울의 서신에 인용되어 있다. 그것은 빌립보서 2장 5-11절과 골로새서 1장 15-20절이다.

> 『[5] 너희 안에 이 마음을 품으라 곧 그리스도 예수의 마음이니 [6] 그는 근본 하나님의 본체시나 하나님과 동등됨을 취할 것으로 여기지 아니하시고 [7] 오히려 자기를 비어 종의 형체를 가져 사람들과 같이 되었고 [8] 사람의 모양으로 나타나셨으매 자기를 낮추시고 죽기까지 복종하셨으니 곧 십자가에 죽으심이라 [9] 이러므로 하나님이 그를 지극히 높여 모든 이름 위에 뛰어난 이름을 주사 [10] 하늘에 있는 자들과 땅에 있는 자들과 땅 아래 있는 자들로 모든 무릎을 예수의 이름에 꿇게 하시고 [11] 모든 입으로 예수 그리스도를 주라 시인하여 하나님 아버지께 영광을 돌리게 하셨느니라』(빌 2:5-11)

> 『[15] 그는 보이지 아니하시는 하나님의 형상이요 모든 창조물보다 먼저 나신 자니 [16] 만물이 그에게 창조되되 하늘과 땅에서 보이는 것들과 보이지 않는 것들과

혹은 보좌들이나 주관들이나 정사들이나 권세들이나 만물이 다 그로 말미암고 그를 위하여 창조되었고 [17] 또한 그가 만물보다 먼저 계시고 만물이 그 안에 함께 섰느니라 [18] 그는 몸인 교회의 머리라 그가 근본이요 죽은 자들 가운데서 먼저 나신 자니 이는 친히 만물의 으뜸이 되려 하심이요 [19] 아버지께서는 모든 충만으로 예수 안에 거하게 하시고 [20] 그의 십자가의 피로 화평을 이루사 만물 곧 땅에 있는 것들이나 하늘에 있는 것들을 그로 말미암아 자기와 화목케 되기를 기뻐하심이라」(골 1:15-20)

위 찬양시의 내용들을 보면, 초기 그리스도인들은 예수의 죽음과 부활 사건 직후에서부터 예수의 신성을 인정하였다는 사실을 알 수 있다. 부활하신 예수를 직접 만났던 그 초기의 목격자들은 예수를 하나님과 동등한 분으로, 창조주로서 고백하고 경배하였다는 사실을 잘 알 수 있다. 그러니까, 예수의 신성은 AD 325년의 니케아 공의회에서 만들어낸 것이 아니었다. 그것은 초기 목격자들의 고백이었다.

3) 마지막으로 초기 그리스도인들이 신앙의 규범을 후

대에까지 잘 전수 할 수 있었던 이유는 성찬식과 세례/침례라는 성례의식을 통하여 전달하였기 때문이다. 초기 그리스도인들은 예수께서 가르쳐 준 성찬식을 행함으로써 예수의 죽음과 가르침을 기억하였다. 여기에 대하여 사도 바울은 고린도전서 11장 23-26절에서 아주 잘 알려주고 있다.

> 『[23] 내가 너희에게 전한 것은 주께 받은 것이니 곧 주 예수께서 잡히시던 밤에 떡을 가지사 [24] 축사하시고 떼어 가라사대 이것은 너희를 위하는 내 몸이니 이것을 행하여 나를 기념하라 하시고 [25] 식후에 또한 이와 같이 잔을 가지시고 가라사대 이 잔은 내 피로 세운 새 언약이니 이것을 행하여 마실 때마다 나를 기념하라 하셨으니 [26] 너희가 이 떡을 먹으며 이 잔을 마실 때마다 주의 죽으심을 오실 때까지 전하는 것이니라』(고전 11:23-26)

학자들에 의하면, 바울이 고린도전서를 기록할 시기가 AD 55년경이라고 한다. 이것은 예수의 부활 후 약 25년이 지난 시기이다. 우리가 바울이 예수께서 제정하신 성찬식을 올바르게 행하여야 한다는 교훈을 준 것으로 미루어 보아 초대교회는 예수의 죽음과 부활 이후부터 계속적으로 이 성찬을 통하여 예수의 대속적 죽음을 기억하고 고백하였다는 사실을 잘 알 수 있다.

또한 초기 교회들은 처음부터 예수와 함께 죽고 함께 살았다는 (세례/침례) 의식을 거행하였음을 알 수 있다. 바울은 (세례/침례)에 대하여 로마서 6장 2-4절에서 다음과 같이 언급하고 있다.

『[2] 그럴 수 없느니라 죄에 대하여 죽은 우리가 어찌 그 가운데 더 살리요 [3] 무릇 그리스도 예수와 합하여 침례를 받은 우리는 그의 죽으심과 합하여 세례/침례 받은 줄을 알지 못하느뇨 [4] 그러므로 우리가 그의 죽으심과 합하여 세례/침례를 받음으로 그와 함께 장사되었나니 이는 아버지의 영광으로 말미암아 그리스도를 죽은 자 가운데서 살리심과 같이 우리로 또한 새 생명 가운데서 행하게 하려 함이니라』(롬 6:2-4)

여기서 바울은 그리스도께서 우리에게 옛 생명을 죽게

하시고, 새 생명을 주셨다는 선포와 함께 (세례/침례)식을 거행했음을 잘 보여주고 있다.

그런데 중요한 점은 이 (세례/침례)가 성부와 성자와 성령의 이름으로 행하여졌다는 사실이다. 다시 말해서 처음부터 삼위일체적인 신앙고백을 가지고 (세례/침례)를 받았다는 것을 '신앙의 규범'은 후대에까지 그대로 전달해 주고 있다. 예를 들어, 마태복음에서 부활하신 예수께서는 제자들에게 다음과 같이 분부하였다.

> 『[19] 그러므로 너희는 가서 모든 족속으로 제자를 삼아 아버지와 아들과 성령의 이름으로 세례/침례를 주고 [20] 내가 너희에게 분부한 모든 것을 가르쳐 지키게 하라 볼지어다 내가 세상 끝날까지 너희와 항상 함께 있으리라 하시니라』(마 28:19-20)

그런데 이러한 예수의 가르침은 AD 1세기 또는 이른 2세기 초반에도 예수의 가르침대로 시행되고 있음을 잘 알 수 있다. 그 당시에 만들어진 초기 교회의 교육용 문서인 디다케(Didache)에 보면 삼위일체 하나님의 이름으로 (세례/침례)를 주었던 유형을 발견할 수 있다.

> 이제 (세례/침례)에 관하여: 이것이 (세례/침례)의 방법이다. 모든 사람들에게 공개적인 가르침을 주고, 그 다음에 "아버지와 아들과 성령의 이름으로" 흐르는 물에서 세례/침례를 주라. 만일, 흐르는 물이 없거든, 다른 물에서 하라. 만약 찬물에서 할 수 없거든, 따뜻한 물로 하라. 만약 당신이 그런 물을 구할 수 없거든, 물을 머리위에 "아버지와 아들과 성령의 이름으로" 세 차례 부어라.[171]

디다케에서 말하고 있는 (세례/침례) 예식 방법 속에는 하나님에 대한 올바른 신앙 고백이 담겨 있다. 여기서 하나님에 대한 고백은 '성부와 성자 그리고 성령 하나님'으로 고백되어졌다. 이런 점들은 우리에게 무엇을 말해 주고 있는가? 그것은 초기 교회들은 하나님께서 자신을 삼중적인 방법으로 우리에게 자신을 계시하셨다는 사실을 충분히 인식

하고 있었다는 것을 확실히 보여주고 있는 것이다.[172]

이러한 예수의 가르침은 AD 2세기 말과 3세기 초까지 계속적으로 온전하게 전달되었다는 사실을 이레니우스의 글을 통하여서도 확인할 수 있다. 이레니우스도 그의 책, 『사도적 설교의 증거』에서 다음과 같이 주장하였다.

> 그리스도인들은 '신앙의 규범'(the rule of faith)을 엄격하게 지켜야만 한다. 왜냐하면, 그것은 사도들과 그들의 제자들에 의해서 우리에게 전수되어 온 것이기 때문이다. 그리고 그것은 우리에게 우리가 성부와 성자와 성령의 이름으로 죄 용서를 위한 세례/침례를 받았다는 것을 기억하게 해주기 때문이다.[173]

이렇게 예수의 가르침이 사도들의 가르침 속에 그대로 시행되었고, 사도들의 가르침이 '신앙의 규범'의 형태로 구전으로 전달되었다. 그 구전 전통 속에서 전달되었던 신앙의 규범들은 2-3세기 동·서양의 교회 전역에서 중요한 신앙의 핵심으로 실제 신앙생활에 적용되고 있었다. 이레니우스는 신앙의 규범으로서 사도적 전통에 대해 다음과 같이 설명하고 있다.

> 전 세계에 두루 퍼져있고, 심지어 땅 끝까지 흩어진 교회는 사도들과 그들의 제자들로부터 이러한 믿음을 물려받았다: 교회는 한 분 하나님을 믿는다. 전능하신 아버지, 하늘과 땅과 그 안에 있는 모든 것을 만드신 분을 믿는다; 그리고 한 분 그리스도 예수, 하나님의 아들, 우리의 구원을 위해서 성육신 하신 분을 믿는다; 그리고 성령, 예언들을 통한 하나님의 섭리들과 초림과 동정녀로부터의 탄생과 수난과 죽음으로부터 부활과 하늘로 오르심, 그리고 아버지의 영광 가운데 하늘로부터 나타나실 것을 선포하신 분을 믿는다.[174]

이와 같이 사도적 전통을 이어받은 '신앙의 규범'은 세례의식을 통하여 예수 그리스도의 신성을 포함한 삼위일체적인 하나님에 대한 신앙을 후대에까지 온전히 전달할 수 있었다.

정리하면, 역사적 예수의 가르침과 생애는 그의 제자

들과 목격자들에 의하여 정확하게 후대에 전달되었다. 그 이유는 1) 예수를 직접 목격한 사도들의 증언들이 초기 기독교 공동체의 신앙의 규범이 되었다. 사도들의 증언들은 교회에서 반복적으로 가르쳐졌다. 2) 사도들의 증언들은 교회 안에서 케리그마(Kerygma)라는 전통으로 후대에까지 전달되었다. 사도 바울도 이 케리그마 전통에 대하여 자세하게 언급하였다. 3) 사도적 구전 전통은 '신앙의 규범'(The Rule of Faith) 형태로 주후 3세기까지 온전하게 전달되었다. 교부들의 글들을 통하여 이 사실을 뒷받침 할 수 있다. 4) '신앙의 규범'은 초기 교회로부터 세 가지 구체적인 전달 수단으로 후대에까지 정확히 전달될 수 있었다. 그 전달 수단은 학습과 노래 그리고 세례와 성만찬을 포함한 성례식이었다. 우리는 이러한 신앙규범의 전달 수단을 통하여 아주 초기의 그리스도인들은 예수의 신성을 인정하고 경배하였으며, 그들의 삼위일체적인 신앙고백이 후대에까지 매우 정확하게 전달될 수 있었다는 사실에 대하여 확인할 수 있었다.

따라서, 구전 전통이 강한 기독교 신앙 체계를 고려해

볼 때, 역사적 예수의 실제적 삶과 가르침이 그의 제자들을 통하여 후대에까지 온전하게 전달되었다고 판단할 수 있다.

위와 같은 사실들을 종합해 볼 때, 예수 사건을 기록한 복음서들과 신약 성경의 내용들이 신화화되었다고 볼 합리적인 근거들을 발견할 수 없다. 오히려 복음서들은 고대 구전 위주의 사회 속에서 가장 정확하게 예수 사건을 역사적 사실 그대로 보존하였고 전달하였다고 평가할 수 있다. 만약 예수 사건을 하나의 전설로 취급해 버린다면, 인류 역사상 거의 모든 구전 이야기들은 모두 다 전설이거나 신화라고 평가해야 한다고 해도 과언이 아니다. 왜냐하면 예수 이야기는 가장 탁월한 구전 전통 속에서 가장 짧은 구전 전승 기간 내에 목격자들의 증언을 바탕으로 기록되었기 때문이다. 그리고 신앙의 규범이라는 확실한 전달 수단을 통하여 초기의 예수 이야기는 후대에까지 온전히 전달되었다. 따라서 지금 우리가 성경을 통하여 보고 듣고 믿고 있는 예수는 실제 역사의 예수이다. 그 예수가 진짜 예수이다. 예수 이야기는 신화가 아니라 실제 역사이다.

5
예수의 사건은 실제 역사이다!

05
결론 : 예수 사건은 실제 역사이다!

지금까지 살펴본 것에 근거해서 판단해 볼 때, 프리크와 갠디가 쓴 『예수는 신화다』는 역사적 사실에 근거한 것이 아니라, 조작된 잘못된 주장이라고 판단할 수 있다. 우리가 가진 자료들에 근거할 때, 예수는 실제로 존재하였을 뿐만 아니라, 고대의 역사적 인물들 중에서 가장 확실한 실제 인물이라고 말할 수 있다. 일반 역사를 판단하는 기준으로 적용해 볼 때, 예수에 관한 역사 기록은 이 세상의 고대 역사 인물들 중에서 가장 탁월한 역사적 신뢰성을 가진다고 말할 수 있다. 만약 누군가 예수의 역사성을 부인하려 한다면, 그 사람은 인류 고대의 역사적 인물들을 모조리 부인해야만 할 것이다.

더욱이, 예수에 관한 기록들은 인류 역사상 가장 탁월한 역사적 신뢰성을 가지고 있을 뿐만 아니라, 예수의 생애와 가르침들은 강한 구전 중심의 유대 사회 속에서 가장 탁월하게 그의 가르침들이 보존되고 전달되었다고 말할 수 있다. 예수의 가르침과 생애는 그의 삶을 지켜보았던 수많은 목격자들이 여전히 살아있었을 때 문자로 기록되었다. 따라서 이것은 예수에 관한 기록들이 신화와 같은 풍설에 근거한 것이 아니라, 역사적 사건에 대한 목격자들의 증언에 근거하고 있음을 알려주고 있는 것이다. 그러므로 이러한 사실은 예수 이야기는 실제 역사적 사실을 바탕으로 하고 있음을 다시 한 번 뒷받침 해주는 것이다.

예수는 신화가 아니라, 실제 역사이다. 예수에 관한 기록들도 실제 역사적 사건을 근거로 해서 기록된 것이다. 우리가 예수 사건을 일반 역사를 판단하는 기준으로 적용해 볼 때 이 사실을 부인할 길이 없다.

만일 예수가 역사상 실제 인물이 아니었거나 실제로 십자가에 못 박혀 죽었으며, 죽은 지 사흘 만에 다시 부활하여 제자들에게 나타나지 않았다면, 우리는 유대와 팔레스타인, 소아시아, 그리고 로마 지역까지 광범위하게 급속도로 퍼져 나간 기독교 운동의 확산을 설명할 길이 없다. 예수가 십자가에 처형 되었을 때는 뿔뿔이 흩어졌고 겁 많았던 제자들은 어느 날 갑자기 부활한 예수를 자신들이 직접 보았다고 주장하였다. 한 두 사람이 아니라 최소한 오백 명이 넘는 사람들이 부활하신 예수를 직접 보았다고 증거하였다. 그들은 예수가 하나님의 아들이라고 주장하였다.

그들은 실제로 부활하신 예수를 구약의 여호와 하나님과 동일한 의미로 주님(Lord)이라고 불렀고 경배하였다. 이것은 유일신을 믿는 유대인으로서는 도저히 상상할 수 없는 일이었다. 예수의 죽음 당시 비겁했던 그 제자들이 이제는 목숨을 걸고 예수의 부활 사건과 예수의 주님 되심을 선포하고 다녔다. 그들은 자신들이 믿는 바가 진실임을 확신하고서 그것을 위해 목숨을 걸었다. 과연 그 수많은 사람들이 오순절 성령 강림 사건이후 이토록 철저하게 변화된 이유는 무엇이겠는가? 그 수많은 사람들이 과연 거짓을 위해서 처음부터 자신의 목숨을 버리려고 하였겠는가? 거짓을 위해서 목숨을 버릴 사람은 아무도 없다. 진실이라고 믿기 때문에 그 대의를 위해서 목숨을 버린다.

분명히 그들은 성경의 기록대로 예수의 모습에서 뭔가 엄청난 것들을 경험하였음에 틀림없다. 그들은 분명히 부활하신 예수를 직접 만났을 것이다. 그 충격적이고 확실한 사건 때문에 그들은 갑자기 거리를 돌아다니면서 '예수는 부활했다'고 선포하였고, '예수는 하나님의 아들이다'고 주장하기 시작하였다. 불과 몇 주가 지나지 않아서 예루살렘에서 이 복음을 믿게 된 사람의 수가 만 명이 훨씬 넘었다. 그래서 그 예수 운동은 사회적 문제가 되기 시작했다. 그 폭발적인 확신의 힘은 유대와 팔레스타인을 넘어 소아시아 여러 지역과 그 당시 강대국이었던 로마까지 휩쓸었다. 예수의 죽음 이후 불과 수 십 년 내에 로마 황실을 비롯하여 수 십만 명의 사람들이 예수를 하나님의 아들로 고백하였고, 예수의 부활을 믿었다. 도시와 시골, 남자와 여자, 노예와 자유인들, 모든 부류의 사람들이 예수를 하나님으로 경배하고 믿었다. 어떻게 이런 일이 일어날 수 있었겠는가?

이 예수 운동의 핵심이 바로, "예수는 하나님의 아들이시요, 주님이시요, 그리고 그분은 죽음을 이기시고 부활하셨다"는 신앙이었다. 초기의 예수 제자들은 '바로 우리가 이 역사적 사건에 증인들이라고 외쳤다.' 그리고 그들은 이 확신을 위해서 목숨을 바쳤다. 그 제자들의 변화는 누구도 부인할 수 없는 역사적 사실이다.

과연 이 제자들의 확신은 어디로부터 왔겠는가? 왜 그 제자들의 삶은 그토록 급진적으로 변화되었는가? 그들의 급진적인 변화는 그들이 실제로 부활하신 예수를 보았고 만났다는데서 이루어졌다. 그들이 자신의 삶을 기꺼이 바치고자 한 이유는 그들의 증언대로 그들이 부활하신 예수를 직접 만났기 때문이다. 그 부활하신 예수를 만난 경험 때문에 그들의 삶은 완전히 변화되었다. 그 제자들은 예수를 직접 만났다는 확신을 가졌고 그 부활 신앙으로 목숨을 걸었다. 이러한 사실은 오직 예수의 부활이 역사적 사실일 때만 가장 합리적으로 이해할 수 있을 것이다.

기독교의 발생과 확장은 역사적 예수의 실체가 아니면 설명될 수 없다. 그 제자들이 부활하신 예수를 직접 만났다는 확신을 가졌고, 그 부활 신앙 때문에 목숨을 걸었고 그들의 삶이 변화되었다는 사실은 그 부활 사건이 실제 역사적 사건임을 확신 시켜준다. 이렇게 기독교는 처음부터 예수라는 역사적 인물과 예수의 죽음과 부활이라는 역사적 사건을 근거로 해서 발생하였고, 지금까지 전파되어 온 것이다. 따라서 예수는 역사적 인물임에 틀림없다.

이제 진실에 대한 선택은 당신의 몫이다. 여러분이 예수가 역사적 인물임을 인정한다면, 이제 여러분은 다음의 제안을 선택해야만 한다.

예수 그는 단순히 한 인간에 불과한가?
아니면, 진실로 하나님의 아들인가?
여러분은 필자가 서두에서 언급한 기독교 변증가 C.

S. 루이스를 기억할 줄 믿는다. 그는 예수의 정체성에 대하여 다음 세 가지 가능성을 제시하였다. 첫째, 예수는 '정신병자'이거나, 둘째, '지옥의 악마'이거나, 그렇지 않다면 셋째, '하나님의 아들'이라는 세 가지 가능성을 제시하였다.[175] 예수의 정체성에 관한 루이스의 제안을 약간 이해하기 쉽게 표현하자면 다음과 같다.

1. 정신병자 또는 미친 사람
2. 엄청난 사기꾼
3. 정말로 하나님의 아들

여러분이 예수의 역사성을 믿는다면 여러분은 반드시 이 세 가지의 선택 중에 하나를 택해야만 한다. 여러분은 이 세 가지 중에서 과연 어느 것이 예수의 참 정체성이라고 생각하는가?

필자는 예수의 생애를 읽으면서 예수에게서 정신병자의 징후를 발견하지 못하였다. 그분의 정신은 오히려 건전하고 온전하다고 느꼈다. 또한 예수에게서 사기꾼과 같은 인상은 전혀 느끼지 못하였다. 오히려 예수의 가르침 속에서 그분의 훌륭한 인격을 느낄 수 있었다. 여러분도 신약성경을 한 번 읽어보라. 어떤 예수의 모습을 발견할 수 있겠는가?

지금까지 인류는 예수를 위대한 성인이라고 평가해 왔다. 그런데 우리가 여기서 심각하게 생각해 볼 것이 있다. 지금까지 훌륭한 인격을 가진 사람들이나 위대한 사상가 중에 아무도 자신이 하나님이라는 주장을 하지 않았다. 또한 자신이 하나님이 아니면서 하나님이라고 주장한 사람 중에 현인이나 위대한 스승은 아무도 없었다. 그러나 오직 예수만은 독특하게 훌륭한 인품을 갖춘 분으로서 자신이 하나님의 아들이라고 주장하였다. 훌륭한 인품을 가진 분이 매우 진지하게 자신을 하나님의 아들로 소개하였고 우리의 운명이 자신을 신뢰하는가? 아닌가에 달려있다고 하였다.

모순되게도, 오늘날 많은 사람들이 예수를 훌륭한 성인으로 인정하면서도, 실상은 예수님이 어떤 분인가를 잘 모르고 있다. 그분이 성인이라는 사실은 믿으면서도 그분이 주장하신 핵심적인 말씀은 믿지 않는다. 예수는 자기 자신을 한 사람의 성인으로 말씀하지 않았다. 예수는 자신이 하나님의 아들이요, 인류의 죄로부터 구원하실 구세주라고 말씀하였다. 그렇기 때문에, 우리는 선택해야만 한다. 그 분을 정신병자나 사기꾼으로 믿든지, 아니면 하나님의 아들로 믿어야 한다. 이 선택만은 중간 지대가 없다. 만일 여러분이 예수님의 인품을 믿는다면 그분의 주장도 믿어야 할 것이다. 2천 년 전에 역사적 예수께서 우리들에게 하신 말씀을 다시 한 번 귀 기울여 들어보기 바란다.

> 내가 진실로 진실로 너희에게 이르노니 내말을 듣고 나 보내신 이를 믿는 자는 영생을 얻었고 심판에 이르지 아니하나니 사망에서 생명으로 옮겼느니라(요 5: 24).
> 나와 아버지는 하나이니라(요 10: 30)
> 내가 곧 길이요 진리요 생명이니 나로 말미암지 않고는 아버지께 올 자가 없느니라(요 14:6).
> 나를 본 자는 아버지를 보았다(요 14: 9).
> 내가 진실로 진실로 너희에게 이르노니 내 말을 듣고 또 나 보내신 이를 믿는 자는 영생을 얻었고 심판에 이르지

아니하나니 사망에서 생명으로 옮겼느니라(요 5:24)
예수께서 가라사대 내가 곧 생명의 떡이니 내게 오는 자는 결코 주리지 아니할 터이요 나를 믿는 자는 영원히 목마르지 아니하리라 그러나 내가 너희 더러 이르기를 너희는 나를 보고도 믿지 아니하였느니라…내가 하늘로서 내려 온 것은 내뜻을 행하려함이 나니요 나를 보내신 이의 뜻을 행하려 함이니라…내 아버지의 뜻은 아들을 보고 믿는 자마다 영생을 얻는 이것이니 마지막 날에 내가 이를 다시 살리리라 하시니라
(요 6장 35-40)

당신은 예수를 누구로 고백하는가? 성경을 통해서 참된 예수를 발견하고 참 예수와 동행하는 삶을 살기를 바라는 마음 간절하다.

EPILOGUE

에/필/로/그

하나님의 **사랑**과 **거룩**

"하나님은 당신을 사랑하십니다!" 여러분은 한 번쯤은 이 말을 들어 보았을 것이다. 실제로 하나님은 우리 인간을 사랑하신다. 사실 하나님은 이 세상을 창조하지 않을 수도 있었다. 하나님이 이 우주를 창조하지 않는다고 해서 하나님께는 손해 볼 것이 전혀 없다. 그 분은 스스로 완벽하다. 그 분은 스스로 존재하고, 외롭지도 않으시다. 왜냐하면 기독교의 하나님은 삼위일체 하나님이기 때문이다. 삼위일체 하나님은 본질적으로는 한분이지만 그 위격은 세 분, 즉 성부, 성자, 성령으로 구별된다. 이것은 인간의 생각으로는 신비이기도 하지만, 가장 이성적이고 가장 논리적으로 타당하다.

만일 하나님이 본질적으로 한 분이고 그 인격도 하나라고 한다면 그 신은 완벽한 존재가 될 수 없다. 그것은 완벽하게 사랑할 수 있는 존재가 아니다. 논리적으로 생각해서 만일 이 세상에 하나님이 존재한다면 그 하나님은 반드시 완전한 분이어야 한다. 따라서 하나님은 도덕적으로도 완벽해야 한다. 성경이 증거하고 있는 하나님은 이렇게 완벽하신 분이다.

하나님이 도덕적으로 완전한 분이라는 것은 하나님이 거룩하신 분임과 동시에 사랑의 존재임을 말한다. 하나님은 사랑이기 때문에 본성적으로 사랑하는 분이다. 사랑은 인격적인 행위로서 관계적이기 때문에 반드시 사랑의 대상이 있어야만 한다. 여러분은 '사랑의 본질'이 무엇이라고 생각하는가? 그것은 자신을 남에게 내어주는 것이다. '하나님이 사랑이시다'는 것은 하나님은 본성적으로 다른 인격에게 자신을 내어 주어주는 존재임을 말한다.

곰곰이 생각해 보라. 만일 하나님이 한 분뿐이면서 한

인격만 가지고 계신다면 과연 그 하나님의 사랑을 받아야 하는 사랑의 대상은 누구인가? 교제의 대상이 없다. 하나님은 본성적으로 다른 인격을 사랑해야 하는 존재이다. 하지만 이슬람의 신과 같이 하나님이 본질적으로 한 분이고 오직 한 인격만 가졌다면 그 하나님은 처음부터 본성적으로 사랑의 완전성을 유지할 수 없는 분이라는 논리적 귀결에 이르게 된다.

사랑하지 못하는 신은 완벽하지 않다. 하나님은 이 세상을 창조하기 전에 반드시 완벽해야만 한다. 세상을 창조하기 이전부터 본성적으로 사랑하는 분이 기독교의 하나님이다. 그래서 하나님이 본질적으로는 오직 한 분뿐이면서 완벽한 사랑을 할 수 있는 거룩한 존재가 바로 삼위일체 하나님이다.

삼위일체 하나님은 본질적으로 한분이기 때문에 우주의 근간이 될 수 있다. 그리고 그 하나님은 세 위격이기에 우주를 창조하기 전에도 내적으로 사랑의 관계를 성립할 수 있다. 다시 말해서 하나님의 그 인격이 세 분이기 때문에 우주의 창조 이전에도 완전한 사랑을 본성적으로 할 수 있었다. 삼위일체 하나님은 지혜가 무궁무진하시기 때문에 인간을 만들기 전에도 서로의 지혜를 나누시고 완벽함을 유지할 수 있었다. 이런 의미에서 기독교의 삼위 일체 하나님은 가장 논리적으로 타당한 신이다.

이렇게 스스로 완벽하신 하나님께서 왜 인간을 만드셨는가? 그 완전하신 하나님이 왜 우주를 창조하셨고, 특별히 우리 인간에게 애착을 보이셨는가? 그것은 하나님께서 누리시는 영광의 풍성함을 우리들과 함께 나누시기 위함이다. 하나님의 가장 좋은 것들을 우리들에게 나누어 주시기 위해서 창조하셨다. 이것이 하나님의 사랑의 마음이다. 창조주 하나님께서 누리시는 영광이 얼마나 풍성하고 좋은지 우리 인간에게 그 하나님의 축복을 나누시기 위해서 우리를 지으셨다고 볼 수 있다. 사도 바울은 여기에 대하여 에베소서 1장 17-19절에서 다음과 같이 언급한다.

[17] 우리 주 예수 그리스도의 하나님, 영광의 아버지께서 지혜와 계시의 영을 여러분에게 주셔서, 아버지

를 알게 하시고 [18] 여러분의 마음의 눈을 밝혀 주시기를 빕니다. 그리하여 하나님께서 여러분을 부르셔서 여러분에게 주신 그 소망이 무엇인지, 하나님께서 성도들에게 주신 상속의 영광이 얼마나 풍성한지, [19] 하나님께서 우리 믿는 사람에게 강한 힘으로 활동하시는 그 능력이 얼마나 큰지를 여러분이 알게 되기를 바랍니다. (표준 새번역)

필자가 믿기엔 하나님께서 우리를 지으신 것은 하나님 자신을 위한 것뿐 아니라 우리 자신을 위한 것이라고 믿는다. 하나님께서 우리들에게 주실 은혜와 축복들이 얼마나 풍성하고 놀라운지 우리의 입을 열어 그 하나님의 은혜와 영광을 찬양하지 않으면 아니 되게끔 하기 위해서 우리를 불러주셨다. 그 영광스럽고 놀라운 하나님의 은혜를 우리가 값없이 경험하고서 그분의 사랑에 대하여 자원하는 마음으로 그분을 찬양하게끔 하기 위해서 우리를 만드셨고 부르셨다.

인간이 창조주 하나님과 깊은 교제를 나누는 것은 인간이 누릴 수 있는 가장 큰 축복이다. 하나님과의 진정한 사귐은 인간이 누릴 수 있는 가장 큰 영광이요, 유익이며, 축복이다. 그래서 하나님은 우리 인간의 마음속에 하나님을 찾고자 하는 근본적인 욕구를 주셨다. 인간이 하나님과 진정한 교제를 나눌 때 인간은 진정한 행복을 누릴 수 있도록 창조하셨다. 물론, 하나님은 인간에게 자유의지를 주어서 하나님과 인격적인 교제가 가능하도록 만드셨다.

그런데, 인간은 자신에게 주어진 하나님의 형상인, 자유의지를 하나님과 사귀는데 사용하지 않았다. 도리어 인간은 하나님 없이 자기가 하나님이 되고자 하였다. 하나님과 인격적인 교제를 통해 참된 행복을 누리는 것이 아니라, 자기가 자기 삶의 주인이 되어서 자기 마음대로 살고자 하였다. 그래서 하나님과의 관계를 단절시켰다. 하나님께 반역했다. 인간은 하나님과 상관없이 자기가 원하는 대로 자기가 주인되어 살았다. 성경에서 말하는 죄가 바로 이것이다. 자신의 삶에 하나님과 전혀 상관없이 자기가 주인되어 자기 마음대로 살아가는 삶, 바로 이것이 죄이다. 죄는 거룩하신 하나님 앞에 반드시 드러나게 되고 하나님과 분리되고 심판받게 된다.

이렇게 인간이 하나님과 단절되고 분리되어 독립적으로 살아가면 행복하리라고 생각한다. 그러나 창조주 하나님과 전혀 상관없이 살아가는 삶의 결과는 행복이 아니라 하나님과의 영원한 분리이다. 많은 사람들이 하나님의 선하신 창조 목적을 거부하고 하나님과 상관없이 자기 방식대로 자기 마음대로 살아가겠다고 고집하며 살아가고 있다. 결국 이 사람들이 얻는 것은 하나님과의 영원한 분리이다. 인간 본연의 지음 받은 목적대로 살기를 거부하는 사람들에 대한 영원한 분리가 바로 지옥이다. 창조주 하나님을 의도적으로 끝까지 거부하면서 '내가 이 우주의 중심이다'고 선언하면서 교만하게 살아가는 사람들은 결국 하나님과 영원히 분리되고, 사랑하는 사람들과 영원히 분리된다. 자기가 살고 싶은 대로 자기가 주인되어 살아가게 된다. 그런데 바로 이것이 지옥이다. 거룩하신 하나님과의 영원한 분리, 이것이 영원한 죽음이요, 이것이 지옥의 삶이다. 따라서 하나님을 거부하는 사람은 이미 하나님과 분리되었고, 그 자신이 죽으면 하나님과 영원히 분리되어 사는 운명아래 놓여있다.

하나님은 이것이 너무 안타까워서 인간의 마음을 돌이키기를 원하신다. 하나님께서 본래 의도하신 하나님의 풍성하심을 우리들에게 값없이 나누어 주고자 하신다. 그래서 하나님은 인간을 위해 결심하셨다. 하나님께서 우리 인간을 얼마나 사랑하시는가를 직접 보여주기로 작정하신 것이다. 하나님은 우리를 위해서 자기 자신을 내어 주기로 작정하셨다. 그 창조주 하나님은 겸손하게 피조물인 인간의 몸으로 오셨다. 그 분이 바로 성자 하나님이신 예수이시다. 하나님이신 예수님은 인간이 받아야 하는 최고의 고통을 받으시면서 십자가에서 못 박혀 죽으셨다. 갈보리의 십자가 사건은 인간의 몸으로 오신 하나님이 십자가에 매달린 사건이다. 두 팔을 넓게 벌리시고 "내가 이 만큼 너를 사랑한단다." 이러한 의미로 십자가에 못 박혀 죽으셨다.

왜 하나님은 자신의 몸을 고통의 십자가에 못 박아 죽이셨는가? 그 이유는 하나님의 사랑과 거룩하심에 있다. 하나님께서는 우리를 사랑하시지만, 거룩하신 하나님 앞에서 죄는 심판받게 되어있다. 사랑의 하나님은 죄인은 사랑하신다. 그러나 거룩하신 하나님 앞에 죄는 반드시 처벌되며 자연스럽게 하나님과 영원히 분리되어진다. 따라서 하나님은 인간이 받아야 할 죄악의 형벌을 자기 자신에게 지우신 것이다. 바로 하나님의 희생적인 사랑으로 우리의 죄악을 용서하시고, 하나님을 떠난 우리의 마음을 녹이고자 하신 것이다. 십자가의 보혈로 우리의 죄악을 용서하여 주시고 우리를 하나님께 돌이키도록 하신 것이다. 하나님께서는 자신의 생명을 우리를 위해 우리에게 내어주셨다.

하나님은 자신의 헌신적인 사랑으로 우리 죽음의 자리를 대신 하셨다. 그 사랑으로 우리의 마음을 녹이신다. 하나님을 배반하고 자기 마음대로 살아가는 우리의 죄악을 십자가의 피로 용서해 주신다. 그 십자가의 헌신적인 사랑으로 인간이 하나님을 인격적으로 만나고 사랑할 수 있도록 생명의 길을 여신 것이다. 하나님은 이렇게 여러분과 나를 사랑하신다. 크고 놀라운 천둥 번개와 지진으로가 아니라, 겸손과 사랑과 희생의 십자가를 통해서 말이다.

사람들은 누구나 권력을 잡으면, 그 권력으로 남을 굴종시키고자 한다. 어린이 조차도 힘이 센 어린이가 자기보다 약한 어린이를 자기마음대로 지배하려고 한다. 어른들도 마찬가지다. 가정에서 남편은 아내를 다스리기 원한다. 아내는 남편을 자기가 원하는 대로 조종하려고 한다. 국가 권력을 손에 거머쥔 사람은 그 막강한 권력으로 자기가 원하는 것을 성취하는데 사용하고자 하는 유혹을 심하게 받는다. 인간은 누구나 힘만 있으면 남을 지배하고 복종시키려 한다. 인간은 절대 권력을 가지게 되면 도덕적으로 타락하기 십상이다. 이것은 인간의 죄성 때문이다.

그러나 절대권능을 가지신 하나님은 다르다. 그 하나님은 자신의 절대적인 힘을 이용하여 모든 사람들을 강제로 복종시킬 수 있다. 그러나 그 하나님은 자신의 힘을 남용하지 않으신다. 오히려 자기를 비어 종의 형체로 이 세상에 오셨다. 그 분은 철저히 우리를 섬기는 자로 우리 가운데 오셔서 우리를 위해 십자가의 고통을 당하시면서 희생하셨다. 그 하나님의 사랑은 자신을 우리에게 내어주는 구체적이고 실천적인 사랑이다.

"하나님은 당신을 사랑하십니다!" 이 말은 그저 말로만 외치는 구호가 아니다. 하나님은 실제로 자신의 몸을 우리에게 바쳐서 우리를 사랑하신다. 이 엄청난 하나님의 사랑을 여러분의 마음속에 그대로 받아들이길 바란다.

하나님을 믿는다는 것은 내가 죽어야 하는 자리에 대신 죽으시고, 내가 받아야 하는 형벌을 대신 받으신 대속의 주님이신 예수님을 나의 주인으로 영접하며 예수님과 함께 사는 것이다. 또한 그것은 그 분을 내가 가장 존경할 수 있는 분으로, 내가 가장 믿고 따를 수 있는 분으로, 내가 가장 높일 수 있는 나의 왕으로 삼기로 결심하는 것이다. 나의 인생을 창조하셨고, 나를 진심으로 사랑하고 사귀고자 원해서 자신의 몸을 십자가에 내어 주신 그 분의 사랑을 인격적으로 받아들이길 바란다. 하나님 없이 자신이 자기 인생의 주인이 되어 왕 노릇 해 온 것을 시인하고 겸손히 그 죄를 고백하라. 그리고 나를 사랑하는 하나님이 나의 인생의 주인이 되어 주시길 요청하여 보라. 하나님은 기꺼이 당신의 요청에 응답하실 것이다.

　마지막으로 여러분들과 함께 나누고 싶은 것이 있다. 우리가 예수 믿고 구원받는다는 것은 어떤 자격증을 받는 것이 아니다. 그것은 또한 어떠한 종교적 행위를 열심히 한다고 해서 주어지는 것이 아니다. 우리가 영원한 생명을 얻는 것은 '하나님과의 관계성'을 말한다. 하나님을 전혀 몰랐던 사람이 하나님과의 인격적인 사귐을 갖게 되면 그 사람은 하나님과 더불어 친밀한 교제 속에 들어가게 된다. 그분과 관계 회복이 이루어지는 것이다. 이렇게 하나님과 친밀한 교제를 나누는 삶 자체가 바로 영생을 경험하는 삶이다.

　이와 같이 하나님과 살아있는 교제를 나누는 삶은 이 땅에서도 계속될 수 있으며, 인간의 육체가 영혼과 분리될 때에도 그 하나님과의 교제는 계속될 수 있다. 그래서 우리는 이 땅에서도 성령을 통해서 하나님과 친밀한 사귐을 가지는 영생의 삶을 누릴 수 있고, 죽어서도 그 하나님과의 인격적인 교제는 영원히 계속될 수 있다. 오늘도 하나님이 내 안에 계셔서 그분과 대화하며 그분의 인도하심을 받으면서 사는 삶이 곧 하나님의 영생을 누리면서 사는 삶이다. 그 하나님과의 깊은 관계성 속에서 예수께서 사셨던 삶을 따라서 사는 삶이 영생 안에서 사는 삶이다. 하나님과 사귐이 있는 사람은 그분의 뜻에 민감하게 반응할 수 있다. 하나님의 뜻을 행하면서 살고자 하는 거룩한 갈망이 있다. 당신에게는 이러한 거룩한 갈망이 일어나고 있는가?

오늘날 많은 사람이 교회에 다니면서 신앙생활을 하고 있지만, 진정으로 하나님과의 깊은 사귐의 삶을 사는 사람은 그렇게 많아 보이지 않는다. 교회를 수 십 년 동안 다녔다고 해도, 오늘 예수 그리스도가 성령 하나님을 통해서 내 삶의 주인으로서 고백되고 그분과의 친밀한 대화가 없다면 살았으나 죽은 신앙생활이라고 말할 수 있다. 진정으로 주님이 내 안에서 살아계셔서 날마다 순간마다 그 성령님과 교제하고, 자신의 뜻을 포기하고 하나님을 높이며, 그분의 뜻을 좇아서 행하는 진정한 그리스도인으로 살아가기를 소원하기 바란다. 하나님이 내 안에 살아 있는 심령은 우리 삶 속에서 일어나는 문제들에 대해서 심각하게 생각하고 하나님의 뜻을 살 필 수 있다. 그리고 하나님의 뜻 가운데서 행하기를 갈망하고 기도하며 행한다. 내 뜻대로 행하는 것이 아니라 주님의 뜻대로 행하기를 즐겨한다.

오늘날 한국교회는 내 뜻을 포기하고 주님의 뜻을 좇아서 행하는 거룩함이 상실되어 가고 있다는 것이 가장 큰 위기다. 지금 우리가 직면하는 모든 문제들은 우리에게 하나님의 자녀로서 구별된 삶이 없기 때문이라고 생각한다. 우리가 성령 안에서 주님이 우리의 삶의 주인 되심을 매 순간마다 소원할 때 주님의 거룩함이 우리를 통하여 드러날 수 있을 것이다. 우리 모두 주님과의 깊은 사귐을 통해서 매 순간 주님의 뜻을 행하여 하나님의 거룩함을 드러내는 진정한 예수 제자로 살아가기를 소원하자.

"주님이 내 안에 내가 주님 안에서 사는 삶 되게 하소서!"

후 주

1) 찰스 콜슨, 낸시 피어시, 그리스도인, 이제 어떻게 살 것인가? 정영만 역 (서울: 요단 출판사, 2002), 55
2) C. S. 루이스, 순전한 기독교, 장경철, 이종태 역(서울: 홍성사, 2001), 93-94.
3) 위의 책, 92.
4) 윌리엄 레키, 유럽 도덕의 역사(History of European Morals), 길크리스트 로슨(J. Gilchrist Lawson), 예수 그리스도에 관한 위대한 사상(Greatest Thought about Jesus Christ), 82. D. 제임스 케네디, 논리적으로 예수 전하기, 126 재인용.
5) C. S. 루이스, 순전한 기독교, 93.
6) 티모시 프리크, 피터 갠디, 예수는 신화다. 승영조 역 (서울: 동아일보사, 2002), 21.
7) Timothy Freke and Peter Gandy, The Laughing Jesus: Religious Lies and Gnostic Wisdom. (New York: Harmony, 2005), 55.
8) Lee Strobel, The Case For The Real Jesus: A Journalist Investigates Current Attacks on the Identity of Christ. (Grand Rapids: Zondervan, 2007), 165.
9) 헬무트 쾨스터, 신약 성서 배경연구, 이억부 역 (서울: 은성 출판사, 2003), 294-295.
10) 위의 책
11) 티모시 프리크, 피터 갠디, 예수는 신화다, 24.
12) 위의 책, 24.
13)) 위의 책, 32-33.
14) 위의 책.
15) 위의 책, 33.
16) 위의 책.
17) 위의 책, 26.
18) 위의 책, 27.
19) 위의 책, 63.
20)) J. ED Komoszewski, M. James Sawyer, and Daniel B. Wallace, *Reinventing Jesus: How Contemporary Skeptics Miss The Real Jesus And Misslead Popular Culture*, (Grand Rapids: Kregel Publications, 2006), 223.
21) Albert Schweitzer, Paul and His Interpreters, trans. W. Montgomery (London: Adam and Charles Black, 1912), 192: J. ED Komoszewski, M. James Sawyer, and Daniel B. Wallace, *Reinventing Jesus*, 223에서 재인용.
22) Bruce M. Metzger, ed., Historical and Literary Studies: Pagan, Jewish, and

Christian, New Testament Tools and Studies 8 (Grand Rapids: Eerdmans, 1969), 6-7: J. ED Komoszewski, M. James Sawyer, and Daniel B. Wallace, Reinventing Jesus, 223에서 재인용.
23) Gunter Wagner, Pauline Baptism and the Pagan Mysteries, (Edinburgh: Oliver and Boyd, 1967), 268: J. ED Komoszewski, M. James Sawyer, and Daniel B. Wallace, *Reinventing Jesus*, 223에서 재인용.
24) Ronald H. Nash, The Gospel and the Greeks, 2nd ed, (Phillipsburg, 2003), 167: J. ED Komoszewski, M. James Sawyer, and Daniel B. Wallace, Reinventing Jesus, 224에서 재인용.
25) 프리크와 갠디가 기독교적 용어를 고대 신비종교들에 억지로 적용하여 인위적으로 짜 맞추었다는 점은 다음과 같이 비유로 설명할 수 있다. 만약 당신이 월드컵에서 한국과 일본 축구 경기를 보았다고 가정해 보라. 전반전에 한국 축구 대표팀은 0대 2으로 지고 있었다. 그러다가 후반에 들어가서 열심히 몰아붙여서 4대 2로 역전승했다고 하자. 그 다음 날 한국의 스포츠 신문들은 보도하기를 한국 대표팀은 전반전에는 "죽었다." 완전히 무너졌고 생동감 없이 죽어버렸다. 그러다가 후반전에 그들은 새로운 힘을 얻고, "부활"했다. 그들은 부활해서 승리하여 한국 국민들에게 "구원"을 제공하였다. 이러한 보도를 듣고도 우리는 충분히 그 보도의 뜻을 이해할 수 있다. 그러나 어딘가 모르게 부적합하다는 느낌을 받는다. 이런 축구 경기를 두고, '기독교의 십자가 죽음과 부활, 그리고 구원의 개념이 한국 축구 속에 들어가 있다'고 말한다면, 과연 한국축구 경기가 기독교 신앙의 본래적 의미와 일치한다고 말할 수 있겠는가? 바로 이처럼, 기독교 용어를 억지로 빌려서 고대 신비종교들을 해석하면서 이것이 바로 기독교의 유사점이라고 말한다면, 이것은 억지 논리에 불과한 것이된다. 이와 같이 프리크와 갠디는기독교의 용어를 신비 종교들의 의식에 그대로 적용하여 획일화 시켜버린 오류를 범하고 있다. 여기에 대하여 로날드 내시는 다음과 같은 좋은 통찰력을 제시한다. "어떤 사람이 처음으로 기독교적 용어를 이방 신념과 종교의식을 묘사하는데 사용한 학자를 자주 만난다. 그리고 그들 생각에 그들이 발견한 경이로운 유사점들에 대해서 놀란다." J. ED Komoszewski, M. James Sawyer, and Daniel B. Wallace, Reinventing Jesus, 224. 기독교 용어들을 다른 종교들에 적용하여 유사점을 찾아낸다고 하더라도, 그것은 놀랄 일이 못된다. 왜냐하면, 그것은 억지로 짜맞춘 것이 되기 때문이다.
26) Timothy Freke and Peter Gandy, The Laughing Jesus, 55.
27) Lee Strobel, *The Case For The Real Jesus: A Journalist Investigates Current Attacks on the Identity of Christ*, 184.
28) 미쉘 푸코(M. Foucault)와 테오도르 아도르노(T. Adorno)의 학문적 유사성에 관한 예는, 클레어몬트 대학원(Claremont Graduate University)의 종교 철학부(Philosophy

of Religion)에서 Ph.D. 과정에서 공부하고 있는 이종인 목사로부터 도움을 받았다.
29) 티모시 프리크, 피터 갠디, *예수는 신화다*, 24.
30) Lee Strobel, *The Case For The Real Jesus: A Journalist Investigates Current Attacks on the Identity of Christ*, 160.
31) 위의 책, 161.
32) Tryggve N. D. Mettinger, *The Riddle of Resurrection*, (Stockholm: Almqvist & Wicksell, 2001), 221: Lee Strobel, *The Case For The Real Jesus: A Journalist Investigates Current Attacks on the Identity of Christ*, 161. 재인용.
33) Lee Strobel, *The Case For The Real Jesus: A Journalist Investigates Current Attacks on the Identity of Christ*, 178.
35) Everett Ferguson, *Background of Early Christianity*, 2nd Edit. (Grand Rapids: Eerdmans Publishing Co, 1993), 248.
36) Lee Strobel, *The Case For The Real Jesus: A Journalist Investigates Current Attacks on the Identity of Christ*, 177.
37) 헬무트 쾨스터, *신약 성서 배경연구*, 320.
38) Lee Strobel, *The Case For The Real Jesus: A Journalist Investigates Current Attacks on the Identity of Christ*, 177.
39) 위의 책, 176.
40) 위의 책, 162.
41) 위의 책, 162
42) 위의 책, 162, 176.
43) Everett Ferguson, *Background of Early Christianity*, 260.
44) Lee Strobel, *The Case For The Real Jesus: A Journalist Investigates Current Attacks on the Identity of Christ*, 163.
45) 위의 책.
46) 위의 책, 178.
47) 헬무트 쾨스터, *신약 성서 배경연구*, 313.
48) Lee Strobel, *The Case For The Real Jesus: A Journalist Investigates Current Attacks on the Identity of Christ*, 178.
49) 위의 책, 178. 게다가 오시리스 신화는 대개 AD 2세기에 기록되었다. 그러나 기독교보다 이런 초기 이집트 사본들도 있다. 그러나 그것들 또한 잘못된 것이다. 사후에 대한 이집트 사람들이 개념과 기독교 전통 안에서 부활을 동일하게 취급하는 것은 잘못된 것이다. 이집트 사람들은 불멸에 이를 수 있다고 믿었다. 육체는 미이라 식으로 만들었고, 음식물도 제공되었다. 그리고 마법적인 주문도 사용되었다. 이집트 사람들의 개념은 죽

음으로부터 살아나는 것이 필요로 하지 않는다. 그 대신에 개인적인 인격의 분리된 존재- 이것을 바(Ba) 그리고 카(Ka)라고 부른다. 이것이 그의 몸 주위를 떠다닌다고 믿었다. Lee Strobel, The Case For The Real Jesus: A Journalist Investigates Current Attacks on the Identity of Christ, 177.

50) Lee Strobel, *The Case For The Real Jesus: A Journalist Investigates Current Attacks on the Identity of Christ*, 172.

51) Richard Gordon, *Image and Value in the Greco-Roman World*, (Aldershot: Variorum, 1996), 96: Lee Strobel, *The Case For The Real Jesus: A Journalist Investigates Current Attacks on the Identity of Christ*, 172, 재인용.

52) Norman Anderson, *Christianity and World Religions* (Downers Grove, IL: Inter Varsity Press, 1984), 53-54: J. ED Komoszewski, M. James Sawyer, and Daniel B. Wallace, Reinventing Jesus, 231, 재인용.

53) 티모시 프리크, 피터 갠디, *예수는 신화다*, 24.

54) 위의 책, 32-33.

55) Ronald Nash, *The Gospel and the Greeks*, 161-162: Lee Strobel, *The Case For The Real Jesus: A Journalist Investigates Current Attacks on the Identity of Christ*, 186 재인용.

56) SBS 대기획, 신의길 인간의 길, 제1부: 예수는 신의 아들인가?

57) 티모시 프리크, 피터 갠디, *예수는 신화다*, 108.

58) 위의 책, 70-71.

59) SBS 대기획, 신의길 인간의 길, 제1부: 예수는 신의 아들인가?

60) J. ED Komoszewski, M. James Sawyer, and Daniel B. Wallace, *Reinventing Jesus*, 232.

61) 위의 책.

62) 특히 로마 제국 시대의 종교들은 고대의 형태로부터 이미 혼합주의적이었다고 쾨스트는 밝히고 있다. 여기에 대한 자세한 사항은 다음을 참조하라. 헬무트 쾨스터, *신약 성서 배경연구*, 586-591.

63) J. ED Komoszewski, M. James Sawyer, and Daniel B. Wallace, *Reinventing Jesus*, 233.

64) 헬무트 쾨스터, *신약 성서 배경연구*, 321.

65) Metzger, *Historical and Literary Studies*, 11: J. ED Komoszewski, M. James Sawyer, and Daniel B. Wallace, *Reinventing Jesus*, 233 재인용.

66) J. ED Komoszewski, M. James Sawyer, and Daniel B. Wallace,

Reinventing Jesus, 233.
67) Ronald Nash, "Was the New Testament Influenced by Pagan Religions?" 인터넷 자료:
http://www.equip.org/site/c.mul1LaMNJrE/b.2712035/k.AF09/DB109.htm
68) 티모시 프리크, 피터 갠디, *예수는 신화다*, 102.
69) 위의 책.
70) Lee Strobel, The Case For The Real Jesus: *A Journalist Investigates Current Attacks on the Identity of Christ*, 169.
71) 위의 책.
72) 이 내용은 옥스퍼드 대학의 E. 왈놀드(E. J. Yarnold)가 번역한 것이다. E. J. Yarnold, *"Two Notes on Mithraic Liturgy," Mithras: Bulletin of the Society for Mithraic Studies* (1974), 1: Lee Strobel, *The Case For The Real Jesus: A Journalist Investigates Current Attacks on the Identity of Christ*, 169 재인용.
73) AD 1세기에 쓰여진 신약성경에는 예수가 동굴에서 태어났다는 말은 전혀 찾아 볼 수 없다. 그러나 AD 2세기 초 '바나바'서에 예수가 동굴에서 태어났다는 언급이 나온다. 이것은 4복음서보다 후대의 기록이기 때문에 4복음서의 기록보다 더 우선시 될 수 없다.
74) 헬무트 쾨스터, *신약 성서 배경연구*, 601.
75) Lee Strobel, *The Case For The Real Jesus: A Journalist Investigates Current Attacks on the Identity of Christ*, 171-172.
76) J. ED Komoszewski, M. James Sawyer, and Daniel B. Wallace, Reinventing Jesus, 234.
77) 위의 책. 물론 이것은 각 종교의 보편적 현상까지 부정하는 말은 아니다. 종교에 관한 인간의 보편적 현상에 관해서는 자연스럽게 공통적인 요소들을 가지고 있을 수 있다. 그러나 기독교의 주요 핵심 교리를 신비종교에서 모방해서 만들어 냈다고 볼 수는 없다.
78) Ediwin Yamauchi, Persia and the Bible, [Grand Rapids: Baker, 1990] 498: J. ED Komoszewski, M. James Sawyer, and Daniel B. Wallace, *Reinventing Jesus*, 323 재인용.
79) Lee Strobel, *The Case For The Real Jesus: A Journalist Investigates Current Attacks on the Identity of Christ*, 171.
80) 위의 책.
81) Richard Gordon, Image and Value in the Greco-Roman World, (Aldershot: Variorum, 1996), 96: Lee Strobel, The Case For The Real Jesus: A Journalist Investigates Current Attacks on the Identity of Christ, 172, 재인용.
82) Eliade, *History of Religious Ideas*, 2:324: J. ED Komoszewski, M. James

Sawyer, and Daniel B. Wallace, *Reinventing Jesus*, 323 재인용.
83) Lee Strobel, The Case For The Real Jesus: A Journalist Investigates Current Attacks on the Identity of Christ, 172.
84) 위의 책.
85) Manfred Clauss, The Roman Cult of Mithras, (New York: Routledge, 2000), 110, 113: Lee Strobel, The Case For The Real Jesus: A Journalist Investigates Current Attacks on the Identity of Christ, 173 재인용.
86) Gary Lease, "Mithraism and Christianity: Borrowings and Transformations," in Wolfgang Haase, ed., Aufstieg und Niedergang der Romischen Welt, vol. II (Berlin/New York: Walter de Gruyter, 1980), 1324: Lee Strobel, The Case For The Real Jesus: A Journalist Investigates Current Attacks on the Identity of Christ, 173 재인용.
87) 위의 책.
88) 위의 책.
89) Gary Lease, "Mithraism and Christianity: Borrowings and Transformations," 1325: Lee Strobel, *The Case For The Real Jesus: A Journalist Investigates Current Attacks on the Identity of Christ*, 173 재인용.
90) Lee Strobel, *The Case For The Real Jesus: A Journalist Investigates Current Attacks on the Identity of Christ*, 175.
91) 위의 책, 176.
92) 혹자는 반론하기를, 순교자 저스틴(Justin Martyr)이 AD 150년경에 쓴 초기 변증서에서, 다른 신비종교들과 기독교와의 유사점들을 언급하고 있다는 것을 매우 강조하고 있다. 그러한 유사점들은 기독교가 이방 신비종교들로부터 모방하였다는 사실을 그가 인정하고 있다는 것을 반증한다고 주장한다. 그러나 이러한 주장은 저스틴의 논지를 잘못 이해한 결과이다. 실제로 저스틴은 기독교와 이방종교 사이에 어떠한 유사점이 존재한다는 것을 인정한다. 그러나 그러한 언급은 기독교가 로마 황제로부터 심각하게 박해를 받고 있는 상황에서 기독교를 방어하고자 하는 담론을 담고 있는 것을 놓쳐서는 안된다. 다시 말해서, "보시오, 당신은 우리와 비슷한 다른 신들을 경배하는 사람들을 박해하지 않는다. 그렇다면 왜 그리스도인들을 핍박하는가?"라는 것이 그의 기본 논지이다. 따라서 저스틴의 논지는 로마시대에 널리 퍼져 있었던 수많은 이방 종교들을 핍박하지 않는다면, 종교로서 그들과 별 다를 바 없는 기독교를 합법화 해달라는 취지의 주장을 펼치고 있는 것이다. 그러한 논증의 핵심을 생각하지 않고 그의 일부 언급만을 취사선택해서 문맥과 상관없이 '저스틴이 기독교가 다른 종교를 모방했다는 것을 인정하고 있다'고 주장할 수는 없는 것이다. 저스틴의 본문을 자세히 살펴보면, 그는 기독교의 복음을 궁극적으

로 독특하게 말한다. 그래서 기독교가 이방 종교보다 훨씬 더 뛰어나다는 것을 강조하고 있다. Lee Strobel, The Case For The Real Jesus: A Journalist Investigates Current Attacks on the Identity of Christ, 163과 J. ED Komoszewski, M. James Sawyer, and Daniel B. Wallace, Reinventing Jesus, 231을 참조하라. 뿐만 아니라, 여기에 대하여 헬무트 쾨스트도 다음과 같이 언급하고 있다. "초기의 변증가들은, 기독교인들이 새로운 종교적 분파가 아니라 고대 이스라엘의 훌륭한 전승의 합법적인 상속자라고 변론했다. 그러나 로마의 관리들은 이것을 납득하지 못한 듯 했다." 헬무트 쾨스터, 신약 성서 배경연구, 591.
93) 티모시 프리크, 피터 갠디, 예수는 신화다, 26.
94) 위의 책, 27.
95) 헬무트 쾨스터, *신약 성서 배경연구*, 595.
96) J. ED Komoszewski, M. James Sawyer, and Daniel B. Wallace, *Reinventing Jesus*, 246.
97) 위의 책.
98) Lee Strobel, *The Case For The Real Jesus: A Journalist Investigates Current Attacks on the Identity of Christ*, 180.
99) J. ED Komoszewski, M. James Sawyer, and Daniel B. Wallace, *Reinventing Jesus*, 240-241.
100) 위의 책, 241.
101) 헬무트 쾨스터, *신약 성서 배경연구*, 602.
102) 위의 책.
103) Gregory J. Riley, *One Jesus, Many Christs*, (Minneapolis: Fortress Press, 2000), 145.
104) 헬무트 쾨스터, *신약 성서 배경연구*, 331.
105) 위의 책, 315.
106) 위의 책, 297.
107) Gregory J. Riley, *One Jesus, Many Christs*, 184.
108) Everett Ferguson, *Background of Early Christianity*, 280.
109) 포사니아스 〈Description of Greece〉, AD 160년 경: SBS 대기획, 신의길 인간의 길, 제1부: 예수는들인가? 에서 재인용
110) 헬무트 쾨스터, *신약 성서 배경연구*, 301
111) 헬무트 쾨스터, *신약 성서 배경연구*, 300-301.
112) 디오니소스 제의가 국가에 의해 받아들여지고 공식적으로 장려되었을 경우에, 그 제의를 단순한 신비 제의라고 생각하기는 어렵다. 그러나 그 제의는 엄격히 규제된 국교

로 등장하지도 않는다. 대중적인 축하 의식들은 전형적인 "디오니소스 제의"의 특징을 나타냈다. 실레노스들과 무희들, 무언극 배웅들과 곤봉 던지는 사람들의 행진, 바커스 신의 시녀들로 등장하는 여인들과 판(목양신)으로 등장하는 청년들, 대중 무언극, 바커스식 춤들, 그리고 연극공연 등이었다. 이 모든 것들은 수일간 지속되는 디오니소스 축제의 일부로서, 그 축제에는 남녀노소를 막론하고, 모든 계층의 사람들이 참여했다. 이런 맥락에서 볼 때, 디오니소스 제의에 입문한 사람들의 협회는 신비 의식 모임이라기 보다는 공적인 조직이었다. 그 공적인 제의의 형태는 주로 소아시아에서 일어나 디오니소스 종교의 형태를 취했을 듯 싶다. 헬무트 쾨스터, 신약 성서 배경연구, 302-03

113) Everett Ferguson, *Background of Early Christianity*, 243.
114) 마이클 그린, *마태복음 강해*, 김장복 역 (서울 IVP, 2005), 319.
115) Michael J. Wilkins, *"Matthew" In Zondervan Illustrated Bible Backgrounds Commentary*, ed. Clinton E. Arnold (Grand Rapids: Zondervan, 2002), 128.
116) Michael J. Wilkins, *NIV Application Commentary: Matthew*, (Grand Rapids: Zondervan, 2004), 688.
117) J. ED Komoszewski, M. James Sawyer, and Daniel B. Wallace, *Reinventing Jesus*, 235.
118) SBS 대기획, 신의길 인간의 길, 제1부: 예수는 신의 아들인가?
119) 티모시 프리크, 피터 갠디, *예수는 신화다*, 22.
120) Ronald Nash, *The Gospel and the Greeks*, 1: Lee Strobel, *The Case For The Real Jesus: A Journalist Investigates Current Attacks on the Identity of Christ*, 167 재인용
121) 티모시 프리크, 피터 갠디, *예수는 신화다*, 118.
122) 조로아스터의 출생에 대한 학자들의 견해는 다양하다. 어떤 학자는 조로아스터의 출생을 기원전 660년으로 보기도 하고 다른 학자들은 기원전 1,000~600년, 혹은 1400년에서 1000년 경 사이라고 주장하기도 한다.
123) *The Buddhist Tradition in India, China and Japan*. Edited by William Theodore de Bary, (New York: Vintage Books, 1972), 14-15.
124) 리 스트로벨, *예수 사건*, 111.
125) 도올 김용옥, *기독교성서의 이해* (서울: 통나무, 2007), 187.
126) 김용옥, *노자와 21세기[1]* (서울: 통나무, 2003), 85.
127) 위의 책, 92-93
128) 리 스트로벨, *예수사건*, 111.
129) 박담회, 박명룡, *기독교 지성으로 이해하라* (서울: 도서출판 누가, 2006), 196-197.
130) Gary R. Habermas, *The Historical Jesus: one in a continuing series of*

lecture and debates in the defense of the faith, CD (Biola University, La Mirada, CA. USA)

131) Gary R. Habermas, The Historical Jesus: Ancient Evidence for the Life of Christ (Joplin: College Press Publishing Company, 2000), 189.

132) Gary R. Habermas, The Historical Jesus: one in a continuing series of lecture and debates in the defense of the faith, CD.

133) Gary R. Habermas, The Historical Jesus, 250.

134) 위의 책, 251.

135) 조쉬 맥도웰, 기독교변증 총서 2, 76-77.

136) A. N. Sherwin-White, Roman Society and Roman Law in the New Testament (Oxford: Clarendon Press, 1963), 188-191.

137) 위의 책.

138) 리 스트로벨, 예수 사건, 292.

139) 위의 책, 351.

140) Richard Bauckham, Jesus and the Eyewitnesses: The Gospels as Eyewitness Testimony (Grand Rapids: William B. Eerdmans Publishing Company, 2006), 280. 고대 세계의 교육에 있어서 암기의 중요성에 대해서는 다음의 책을 참조하라. B. Gerhardsson, Memory and Manuscript: Oral Transmission and Written Transmission in Rabbinic Judaism and Early Christianity (Lund: Gleerup, 1961) 123-126.

141) Richard Bauckham, Jesus and the Eyewitnesses: The Gospels as Eyewitness Testimony, 280-281.

142) Timothy Paul Jones, Misquoting Truth: A Guide to the Fallacies of Bart Ehrman's Misquoting Jesus (Downers Grove: IVP Books, 2007), 88; Robert H. Stein, The Method and Message of Jesus' Teachings, rev. ed. (Louisville: Westminster John Knox, 1994), 27-32를 참조하라.

143) Mark D. Roberts, Can We Trust the Gospel? (Wheaton: Crossway Books, 2007), 69.

144) 위의 책.

145) 위의 책, 69-70.

146) J. Ed Komoszewski, M. James Sawyer & Daniel B. Wallace, Reinventing Jesus, 38.

147) 여기에 대한 자세한 내용은 Gregory A. Boyd and Paul Rhodes Eddy, Lord

Or Legend?, 제 5장을 참조하라.

148) 위의 책, 69-70.

149) J. Handoo, "People Are Still Hungry for Kings: Folklore and Oral History," in *Dynamics of Tradition: Perspectives on Oral Poetry and Folk Belief*, ed. L. Tarkka (Helsinki, Finland: Finnish Literature Society, 2003), 70; Gregory A. Boyd and Paul Rhodes Eddy, *Lord Or Legend?* 71에서 재인용.

150) Paul Rhodes Eddy & Gregory A. Boyd, *The Jesus Legend: A Case for the Historical Reliability of the Synoptic Jesus Tradition*, 264.

151) Jan Vansina, *Oral Tradition As History* (Madison: The University of Wisconsin Press, 1985), 25.

152) Jan Vansina, *Oral Tradition As History* (Madison: The University of Wisconsin Press, 1985), 25.

153) 위의 책, 26.

154) Richard Bauckham, *Jesus and the Eyewitnesses*, 272.

155) Gregory A. Boyd and Paul Rhodes Eddy, *Lord Or Legend?: Wrestling with the Jesus Dilemma*, 69.

156) Lauri Honko, "Introduction: Oral and Semiliterary Epics," in The Epic: *Oral and Written*, ed. L. Honko, J. Handoo, and J. M. Foley (Mysore, India: Central Institute of Indian Languages, 1998), 9; Gregory A. Boyd and Paul Rhodes Eddy, *Lord Or Legend?* 69 재인용.

157) Lauri Honko, *Textualizing the Siri Epic* (Helsinki, Finland: Academia Scientiarum Fennica, 1998), 15; Gregory A. Boyd and Paul Rhodes Eddy, *Lord Or Legend?* 69 재인용.

158) J. Dewey, "The Gospel of Mark as an Oral-Aural Event: Implications for Interpretation" in *The New Literary Criticism and the New Testament*, ed. E. S. Malbon and E. V. McKnight (Sheffield: Sheffield Academic Press, 1994), 146; Paul Rhodes Eddy & Gregory A. Boyd, *The Jesus Legend: A Case for the Historical Reliability of the Synoptic Jesus Tradition* (Grand Rapids: Baker Academic, 2007), 256 재인용.

159) J. Dewey, "The Gospel of Mark as an Oral-Aural Event: Implications for Interpretation," 146-147; Paul Rhodes Eddy & Gregory A. Boyd, The Jesus Legend, 256 재인용.

160) Timothy Paul Jones, *Misquoting Truth*, 112-113.

161) 사도적 증언들이 초기 기독교 신앙의 중요한 규범이 되었다는 것에 대해서는 다음

의 책을 참조하라. 박명룡, 김용옥의 하나님 VS 성경의 하나님 (서울: 도서출판 누가), 260-282.
162) D. H. Williams, *Retrieving the Tradition and Renewing Evangelicalism*, (Grand Rapids: William B. Eerdmans Publishing Company, 1999), 51.
163) Irenaeus, *Against Heresies* III.4.1. D. H. Williams, *Retrieving the Tradition and Renewing Evangelicalism*, 45 재인용
164) D. H. Williams, *Retrieving the Tradition and Renewing Evangelicalism*, 87.
165) 위의 책.
166) 위의 책, 88.
167) D. H. Williams, *Retrieving the Tradition and Renewing Evangelicalism*, 96.
168) 대럴 복, "뿌리를 알아야 흔들리지 않는다" *Christianity Today* 한국판 9월호, 77.
169) 위의 책.
170) 위의 책.
171) Didache VII. 1-4. D. H. Williams, *Retrieving the Tradition and Renewing Evangelicalism*, 67 재인용.
172) D. H. Williams, *Retrieving the Tradition and Renewing Evangelicalism*, 68.
173) 위의 책, 88.
174) Irenaeus, *Against Heresies* I.10, D. H. Williams, 89 재인용.
175) C. S. 루이스, *순전한 기독교*, 93-94.